सौंदर्य का तात्पर्य

वाणी प्रकाशन
21-ए, दरियागंज, नई दिल्ली-110002
फोन : 011-23273167, 23275710, 41562622
फैक्स : 011-23275710
e-mail : vani_prakashan@yahoo.com

सौंदर्य का तात्पर्य

प्रभाकर श्रोत्रिय

वाणी प्रकाशन का 'लोगो'
विख्यात चित्रकार मक़बूल फ़िदा हुसेन की
कूची से

ISBN : 978-93-5000-023-3

वाणी प्रकाशन
21-ए, दरियागंज, नयी दिल्ली-110002
द्वारा प्रकाशित

फोन : 0091#11#23273167, 23275710
फैक्स : 0091#11#23275710
ई-मेल : vaniprakashan@gmail.com
vani_prakashan@yahoo.com
वेबसाइट : www.vaniprakashan.com

प्रथम संस्करण : 1998
द्वितीय संस्करण : 2006
आवृत्ति : 2009
मूल्य : 200.00

आवरण : वाणी चित्रांकन

जय भारत प्रिंटिंग प्रेस, शाहदरा, दिल्ली-32
द्वारा मुद्रित

SOUNDARYA KA TATPARYA
by : Prabhakar Shrotriya

महाश्वेता देवी, अशोक सेकसरिया
और कुसुम खेमानी को।

अगर कुछ कहना ही है तो

साधनों की भीड़ में आज मनुष्य चाहे अकेला हो या आत्म-केन्द्रित या फिर इन सब से उदासीन ही क्यों न हो, उसकी रची हुई इस दुनिया ने अपनी उपलब्धियों के बावजूद भय, विनाश और विपन्नता की आशंका पैदा कर दी है। इसका कारण शायद यह है कि इसने उपभोग की ऐसी तीव्र आकांक्षा जगा दी है, जो मनुष्य को 'व्यक्ति', समाज को छोटे-छोटे समूहों और विश्व या देश को टुकड़ों में बाँट रही है। ऊपर से लगता है कि दुनिया पास-पास आई है, लेकिन भीतर से वह निरंतर छिन्न-भिन्न हो रही है। देखिए न वैश्विकता और सामूहिकता के वृत्त सिकुड़ते ही चले जा रहे हैं, और लगने लगा है कि प्रगति की लोक-अवधारणा पीछे छूट गई है। समय के केन्द्र में जब 'धर्म' या 'राजनीति' थी तब स्थिति इतनी बुरी नहीं थी, जितनी आज 'अर्थ' के केन्द्र में आने से हो गई है। आज की सारी दुर्नीति और जटिलता इसी के विभिन्न संयोजनों और अनुपातों से पैदा हुई है। यानी उन चीजों की भी जिनका सीधा संबंध 'अर्थ' से नहीं दिखाई देता। उदाहरण के लिए राजनीति में मूल्यहीन गठजोड़ क्या सत्ता के उपभोग की वही अंधी कामना और विकलता नहीं है जो 'अर्थ मूलक' या 'भोग मूलक' संस्कृति ने पैदा की है ? प्रगति की होड़ का निगति की होड़ में तब्दील हो जाना कितना भयावह है !

ऐसे में साहित्य या विचार की दुनिया से बहुत कुछ आशा की जा सकती थी, परन्तु लगता है कि वह भी दिग्भ्रम का शिकार है। दोतरफा माफिया ने उसे घेर लिया है– एक ओर वे निषेधवादी हैं जो आए दिन साहित्य की मृत्यु-घोषणा करते रहते हैं और 'न लिखने' को महिमामण्डित करते हैं। (यह और कुछ नहीं, अन्यथा दिलचस्पियों और स्वार्थों का बचाव है।) दूसरी ओर वे छद्मवादी हैं, जो शब्द को कर्म से पुष्ट करना मूर्खता मानते हैं, उल्टे अपने कर्मों को शब्द के चमचमाते आवरण में ढाँकते हैं। इन्हीं भीतरी कारनामों के चलते शब्द की शक्ति

और विश्वसनीयता खोती जा रही है, जिसके लिए कभी लेखक केवल अन्य सत्ताओं को दोषी मानता था पर आग अब घरवाले ही लगा रहे हैं। ऐसे में भी, कुछ सिरफिरे (?) लोग हैं जो वह कुछ बचाने को व्याकुल हैं जिसे बचाना चाहिए। बहुत कठिन है यह, क्योंकि पुआल के ठीक पास आग रखी है, और शर्त यह है कि जो पुआल बचाना चाहे वह खुद आग में जले। ईमानदार साहित्य का यही संघर्ष है– जो इस वक्त वह झेल रहा है। शायद इसीलिए अभी भी बेहतर साहित्य पर से हमारा विश्वास नहीं उठा है। साहित्यिक पत्रिकाओं के संपादन के दौर में मैंने इसी धारा में अपने को तिरोहित कर दिया और कभी नहीं चाहा कि संपादकीय में कुछ अलग कहूँ।

फिर लिखा भी क्या जाता ? क्योंकि हिंदी की साहित्यिक पत्रकारिता को जो ज्ञात-अज्ञात दीक्षा मिली है, उसके चलते संपादक से अपेक्षा की जाती है कि वह संबंधित अंक में प्रकाशित रचनाओं पर सकारात्मक टिप्पणी दे; अपनी रीति-नीति की घोषणा करे; भाषा-साहित्य आदि की दयनीयता या स्थिति को उधेड़े; अपने दुखड़े रोए; साहित्यकार या पाठक को कोई सीख, कोई उपदेश दे, आदर्श बघारे; एक-दो मुद्दे उछाले और उस पर तरह-तरह से डंड पेलता रहे (ताकि उसे साहित्यिक नेतृत्व और उससे प्राप्त होनेवाले लाभ मिलें) यदि विचारधारा की पत्रिका निकाले तो उसी के ढोल पीटता रहे और विरोधियों को धिक्कारे–आदि। अपवाद हर जगह हैं, परंतु हिंदी पत्रिकाओं में संपादकीय लिखने की परिपाटी कुछ इसी तरह की रही है, जिसे जारी रखने का कोई अर्थ नहीं था। दूसरे यह कि मैं हमेशा सोचता था, और आज भी सोचता हूँ कि पत्रिका में जो चुना, प्रस्तुत किया या संपादित किया जाता है–वह 'संपादकीय' ही तो है। क्योंकि संपादक न तो संग्राहक होता है न ऐसा पुल जो हर कुछ को अपने पर से गुजर जाने दे। उसकी भूमिका धोबी, दरजी, फर्राश, बीमा एजेंट, नौकरशाह, गगन-बाला या टिकिट कलेक्टर जैसी भी नहीं होती। मुझे लगता रहा कि संपादक एक सृजन-मित्र होता है, रचनाओं के साथ अनवरत यात्रा करता हुआ। अवचेतना में शायद ये सभी बातें रही होंगी, जिन्होंने मुझे आमतौर पर संपादकीय लिखने से विरत रखा। यह भी लगा कि पत्रिका के 'आमुख' की तरह अपने को प्रस्तुत करना एक तरह का आत्म-प्रदर्शन या नेतागिरी है। लेखन के साथ जुड़े हर संपादक की तरह इस दौर में लेखन का क्षय मैं भी भोगता रहा, लेकिन उसकी पूर्ति का माध्यम पत्रिका को बनाने का कभी विचार नहीं आया। बल्कि अपने लेखन को मैंने इतना अचर्चित और गौण बनाए रखा कि ढेर सारी आलोचना और नाटकों के बावजूद बहुत लोग मुझे संपादक के रूप में ही अधिक पहचानते हैं। इससे मन टीसता जरूर है, परंतु मेरी भीतरी दीक्षा यह रही कि रचना और रचनाकार के प्रति विनम्रता का आवश्यक पहलू संपादक द्वारा अपने लेखक या

सर्जक की पहचान मिटाना या उसे पत्रिका में ही समाहित कर देना है। यदि ऐसा न किया जाए तो इसका मूल्य पत्रिका—यानी एक लोक-कर्म को चुकाना पड़ता है। इसी अंतःक्रिया के चलते मैंने अपनी पत्रिका में स्वयं की पुस्तक-समीक्षा तक नहीं छापी, न निजी लेखन किया।

लेकिन मेरी अंतःक्रिया में 'वागर्थ' ने इस रूप में व्यवधान डाला कि उसने 'संपादकीय' लिखना मेरे लिए अनिवार्य बना दिया। इसका श्रेय या दोष मैं पाठकों पर मढ़ूँगा। पहले अंक की प्रस्तावनापरक संपादकीय पर ही इतनी चिट्ठियाँ आईं कि मैं दंग रह गया। पाठकों ने मुझे पल्ला झाड़ने की सुविधा नहीं दी, क्योंकि एकाध बार औपचारिक-सा लिख दिया तो उन्होंने शब्दशः लताड़ा। यह एक विलक्षण अनुभव था। पाठकों ने स्वयं मेरे अनिवार्य कर्तव्यों में संपादकीय लेखन को शामिल कर दिया। इस-बीच यह भी लगा कि साहित्यिक पत्रिका में संपादकीय भी एक 'शक्ति' है। जब शिमला के 'उच्च अध्ययन संस्थान' को होटल या 'गेस्ट हाउस' के लिए विस्थापित करने की कोशिशों की आलोचना करते हुए मैंने लिखा तो बिहार से खबर मिली कि इसे पढ़कर वहाँ बाक़ायदा राष्ट्रपति को पत्र लिखने की मुहिम चली। अनेक संपादकीयों को देश भर के समाचारपत्रों-पत्रिकाओं ने पुनःप्रकाशित या उद्धृत किया। इससे यह भ्रम टूटता है कि आम पाठक या प्रबुद्ध जन पढ़ नहीं रहे हैं या सराहना की परंपरा खत्म हो गई है। शायद इन्हीं बाध्यताओं के कारण मैंने अपने 'आमुख' को पत्रिका का ही एक हिस्सा बन जाने दिया और सर्जनात्मक विधाओं के अनुरूप किसी घटना, स्थिति, विचार या संवेदन को लेकर व्यापक, बहुमुखी प्रश्नों से जूझता रहा और शायद पाठक को भी उसमें शामिल कर सका।

स्वाभाविक था कि साहित्यिक पत्रिका का संपादकीय समाचारपत्रों से अलग, एक सर्जनात्मक-स्पर्श लिये होता। मेरे लिए यह सुविधाजनक इसलिए था कि मैं ज़िस विधा (आलोचना) से मुख्यतः संबद्ध हूँ, और जिस तरह से संबद्ध हूँ, उसकी प्रकृति भी यह है कि उसे रचना के विविध वस्तु-जगत् से दो स्तरों पर जुड़ना होता है—जीवन के स्तर पर भी और रचना के स्तर पर भी। इसके अतिरिक्त उसे परंपरा, इतिहास और ज्ञान के तमाम क्षेत्रों से यथा आवश्यकता सजगता से परिचित होने की कोशिश करनी होती है। मुझे इसमें भी संदेह नहीं है कि आलोचना सृजनात्मक चिंता ही नहीं, स्वयं सर्जनात्मक कार्य भी है। शायद इसीलिए मैं संपादकीय के बहाने आलोचना ही लिखता रहा। पता नहीं वागर्थ के पाठकों ने उन्हें इस रूप में लिया या नहीं, परंतु उनकी गहरी रुचि ने मुझे अपनी आलोचना और आलोचना-दृष्टि के प्रति आश्वस्त अवश्य किया।

प्रसंग मैंने बहुत कुछ तात्कालिक उठाए, लेकिन जब वे साहित्य की अपनी प्रकृति से जुड़े तो स्वयं ही सांकेतिक, बहुआयामी और यथासंभव गहरे भी हुए

और महज तात्कालिक न रहे। उदाहरण के लिए कलकत्ता पुस्तक मेले का अग्निकांड ध्यान न देनेवालों के लिए कुछ भी नहीं था। क्योंकि इससे भी भयानक घटनाएँ आए दिन घटती रहती हैं, जिनसे आम आदमी की संवेदनाएँ कुंठित हो गई हैं–तब पुस्तकों जैसी 'निर्जीव' चीज़ पर कौन आँसू बहाए ? जिस देश का हाल यह हो कि नौ दिन तक अस्पताल की हड़ताल के बीच नौ लोगों के मरने पर संबंधित मंत्री यह बयान दे कि 'स्टॉफ जब ड्यूटी पर रहता है तब भी लोग मरते रहते हैं' या भोपाल गैस त्रासदी को लेकर एक उत्सवी कवि यह कहे कि 'मरने वालों के साथ हम नहीं मर जाते' तो ऐसी स्थिति में पुस्तक मेले के अग्निकांड पर स्यापा करना एक भावुक मूर्खता के सिवाय क्या है ? लेकिन इस संपादकीय ने पाठकों को बहुत झकझोरा–वर्णन के कारण नहीं, उसमें छिपी अंतर्वेदना और दूरगामी संकेतों के कारण। इसी तरह कागज़ की कीमत में सहसा उछाल शायद कइयों के लिए कोई मुद्दा ही न हो, क्योंकि कीमतों का क्या, वे तो उछलने या बढ़ने के लिए ही पैदा हुई हैं ! परंतु इस मामले में और अन्य अनेक प्रश्नों पर पाठक भी संपादक के साथ जूझे। डाक की गड़बड़ी या इंटरनेट पर फैल रही गंदगी या बंगलोर की विश्व सुंदरी प्रतियोगिता या प्लस इक्कीस चेनल से प्रसारित काम शास्त्र जैसे विषयों में भी पाठकों ने गहरी रुचि ली। बड़े प्रश्न भी संपादकीय का विषय बने, जैसे–स्त्री, बच्चे, भाषा, साहित्य, पर्यावरण, आतंकवाद, राजनीति, भ्रष्टाचार, जातिवाद, लोकतंत्र, राष्ट्रीय प्रतिरूप आदि। इन विषयों पर दैनिक समाचारपत्रों में भी लिखा जाता है, इसलिए एक चुनौती यह भी थी कि साहित्यिक पत्रिका में लिखे जाने की सार्थकता इनसे प्रकट हो। कुल मिलाकर ये आलेख मेरे आलोचनात्मक लेखन की क्षति-पूर्ति करते हुए मुझे अपनी प्रकृति से जोड़े रहे–यह व्यक्तिगत संतोष है।

पाठकों ने चाहा था कि ये लेख पुस्तक रूप में प्रकाशित हों, स्वयं भारतीय भाषा परिषद की ओर से भी ऐसा एक प्रस्ताव था। परंतु मेरा विचार था कि इनका प्रकाशन अन्य प्रकाशन-संस्थान द्वारा होना चाहिए। इसलिए भी वाणी प्रकाशन के निदेशक अरुण माहेश्वरी को विशेष रूप से धन्यवाद देना चाहता हूँ। अपने पाठकों, मित्रों, भारतीय भाषा परिषद के सहयोगियों का हृदय से आभारी हूँ। अपने सहकर्मी बलराम राय को भी हृदय से धन्यवाद देना चाहता हूँ।

भारतीय भाषा परिषद
36-ए. शेक्सपीयर सरणी
कलकत्ता-700017

प्रभाकर श्रोत्रिय

अनुक्रम

1

सदी के अंत में बच्चा

वह टी. वी. चैनलों के मुखातिब है। हाथ में रिमोट कंट्रोल। वह पट्-पट् दृश्य बदलता है, कहीं स्थिर नहीं रह पाता। हर पल विचलन उसकी ज़िंदगी का हिस्सा है। खेल के नाम पर वी.डी.ओ. खेल। सिर्फ दिमाग़ और उँगलियाँ सक्रिय, बाकी सब बेकाम–हाथ, पाँव, फेफड़े, फुर्ती, कौशल, मेहनत–सब। अखबार की सुर्खियाँ दिमाग़ में हैं (वे क्या हो सकती हैं, इस सदी के अंत में ?)। फिल्में हैं–तेज और बेहया नाच-गाने, मार-धाड़, सेक्स-शाट्स, अजूबे-अकल्पनीय कारनामे। बाल-मन बेहद उत्तेजित है। क्रांति के नाम पर सूचना-क्रांति, जिसका सबसे ज़्यादा शिकार है बच्चा। वह उम्र से पहले न जानने योग्य भी जानने लगा है, जबकि चुनने और त्यागने का विवेक नहीं आ पाता उसमें। कच्ची डाल हो तो फलों के बोझ से भी टूट जाती है। सोच, अभिव्यक्ति, विकास और सृजन के रास्ते उन्हीं चीज़ों की बेतरतीब भीड़ से पट गए हैं जो उन्हें प्रशस्त करने के लिए बनाई गई हैं। सोचने, साधने, धँसने का बच्चे के पास न समय है न क्षमता।

बच्चा स्कूल जा रहा है–दौड़ रहा है किताबों का कुली पीठ झुकाए। उस पर लदे हैं स्कूल, अभिभावक, समय, परिवेश। बच्चे को इसी उम्र में पारंगत बना देना है–हर हालत में, हर तरकीब से। चमचमाते स्कूलों के अध्यापक अपनी मेहनत बचाने और प्रोन्नति के लिए बच्चे को कितनी यातना देते होंगे कि तीन साल का बच्चा कक्षा की बजाए दो घंटे तक पाखाने में बैठना पसंद करता है (यह सचाई है), तो कक्षा क्या उसके लिए पाखाने से ज्यादा दुर्गन्धित और घुटन भरी हो गई है ? स्कूल में स्पर्द्धा भी कैसी ? व्याकुलता, खीझभरी त्वरा, उपलब्धि के बावजूद हीनता बोध से भर देनेवाली स्पर्द्धा, क्योंकि सारा कुछ अंकों की तात्कालिक नुमाइश पर टिका है। यदि यही पैमाना होता तो आइंस्टीन कभी न बन पाते आइंस्टीन–स्कूल में तो वे फिसड्डी थे। आज तो भर्ती करने के पहले की स्कूली जाँच भी कितनी हास्यास्पद और सौदेबाज़ हो चुकी है, इसे कौन नहीं

जानता ? फिर अगर बड़े-बड़े स्कूल प्रतिभाशालियों को ही भर्ती करेंगे तो कमजोर बच्चे कहाँ जाएँगे ? क्या चुनौती रहेगी शिक्षा क्षेत्र के लिए ? जबकि दूसरी ओर, शिक्षा के नए-नए ड़िजाइनर, प्रयोग और प्रणाली के नाम पर जो भाषा उधार लेते हैं वह युद्ध से या अस्पताल और कारखानों से–स्ट्रेटेजी, प्राब्लम्स अटैक, बुलेट एप्रोच, कैपसूल मॉडेल, क्लीनिकल एप्रोच, ट्रीटमेंट, प्रॉडक्ट, कामोडिटी, रिसोर्स, इनपुट, क्वालिटी, प्रोग्रामिंग–क्या बच्चा सीमा पार खड़ा दुश्मन है या बीमार या कोई व्यापारिक चीज़ ! शिक्षा यहाँ 'ह्यूमन रिसोर्स' है। कहाँ गई नीति, दर्शन, साहित्य, प्रकृति और मूल्य की भाषा–खल्वाट के बालों की तरह उड़ गई हो जैसे। रमेश दवे जैसे शिक्षा-चिंतक भले ही इससे क्षुब्ध होते रहें, इन्हें क्या फ़र्क पड़ता है ? लगता है गहराई और ईमानदारी से सोचना इस वक़्त की सबसे बड़ी नासमझी है।

विकसित देशों के मॉडल, शब्दावली वगैरह तो अविकसित देशों ने ले लिए–मगर क्या वह सब भी लिया जो वे बच्चों को देते हैं ? सुंदर किताबें, मनोरंजन के लिए एक से एक खूबसूरत खिलौने, जो बहुत-बहुत सस्ते दामों में वहाँ मिलते हैं। अविकसित या विकासशील दुनिया में इन चीज़ों की कैसी शक्ल-सूरत होती है–हम सब जानते हैं। बच्चे से संबंधित हर चीज़ यहाँ सबसे महँगी है–किताबें, खिलौने, कपड़े, स्कूल। रोटी, कपड़ा और जीवन की तमाम आवश्यकताओं में कटौती की भारी कीमत चुकाने के बाद इन्हें हासिल करने पर बच्चा, क्या किसी साधारण या मध्यवर्गीय परिवार का बोझ नहीं बन जाता ? लेकिन इससे शिक्षा का व्यापार करनेवालों को कोई फ़र्क नहीं पड़ता। वे जिस तरह की लूट और मुनाफाखोरी में लगे हैं, वह बेमिसाल है। यह इसलिए संभव हो पाता है कि वे जानते हैं कि बच्चे के नाम पर हर स्तर के माता-पिताओं का दोहन किया जा सकता है। आज स्कूली शिक्षा और घर की हालत में उतना ही फासला है, जितना टी.वी. विज्ञापनों और आम घरों में होता है।

शिक्षा से दूर एक बच्चा और है। वह कागज के टुकड़े, प्लास्टिक की थैलियाँ बीन रहा है। वह भी कुली है–समाज के कूड़े का। वह होटलों, घरों, कारखानों में पिस रहा है, भेड़ें और बकरियाँ चरा रहा है, भीख माँग रहा है, सामान ढो रहा है, स्मैक नहीं खरीद सकता तो पैट्रो रसायन का नशा करता है, अपराध की दुनिया का अंग है। उसके भीतर ईर्ष्या, विद्रोह, क्षोभ, आपराधिकता, अराजकता और घृणा का ज़खीरा है।

बच्चा कोई हो, किसी भी वर्ग का, वह किसी न किसी तरह सिर्फ अस्त्र है, साधन है, बैल है, बीमार है; क्योंकि असहायता, अनिच्छा, सभ्य होने का दबाव, जानकारियों का बोझ, उत्तेजना, अभाव, हीनता-बोध उसमें कितने ही अज्ञात द्वारों से प्रवेश कर रहे हैं। सब कुछ उसे क्रोध से भरता है। प्रज्वलित है वह।

आज आठ साल के बच्चे में इतना क्रोध, इतनी हिंसा, इतनी नफरत जमा है, जितनी साठ साल की उम्र तक फैली होती है। लेकिन उसकी सहनीयता, निवारण, रूपांतरण और उदात्तीकरण की सहज प्रक्रिया भी समानांतर चलती रहती है। इसलिए व्यक्ति संतुलित बना रहता है। लेकिन बच्चे में क्रोध सिर्फ जमा हो रहा है, उसके निवारण, निराकरण या सहने का उसके पास कोई स्वाभाविक, वैध मार्ग नहीं है– तमाम संग्रह उसके भीतर कुंठा की शक्ल में हैं। क्रोध की निष्फलता भी उसे क्रोध ही देती है। गीता कहती है कि क्रोध से मोह, मोह से मतिभ्रम, मतिभ्रम से बुद्धि-नाश और बुद्धि-नाश से संपूर्ण विनाश होता है। यह सब बच्चे में एकत्र है, बिना किसी पूर्वापर संबंध के।

क्या अब भी बच्चे की दुनिया सबसे ताज़ा, मुक्त, खिलखिलाती दुनिया रह गई है ? सवाल है कि क्या अगली सदी में बच्चा, बचा रहेगा ? बच्चा अगर समाज का भविष्य है, तो वह कैसा होगा ? मिलान कुंदेरा का उपन्यास 'लाइफ इज़ एल्सवेअर' की माँ स्कूल के अध्यापक से यह पता लगाने को कहती है कि उसका बच्चा आदमी के धड़ पर जानवरों का सिर क्यों बनाया करता है ? क्या उसे नहीं मालूम कि माँ की इच्छा के विरुद्ध बाप का व्यवहार और उससे उत्पन्न विषम पारिवारिक स्थिति का घर में एक भोक्ता और भी है– खामोश बच्चा। यही बच्चा भविष्य है समाज का; जिसमें परिवार और समाज ने ये कैसी छवियाँ उकेरी हैं !

साहित्य ने इन खतरों को जरूर पहचाना होगा, तभी न आज साहित्य की प्रमुख चिंता दुनिया भर की कोमलता बचा लेने की है। यह उसके लिए 'बची हुई पृथ्वी' है। यह बात अलग है कि अब कविता के बच्चे, पेड़, माँ, पिता, गाँव आदि मूल संवेदन प्रायः नहीं रहे, बल्कि ज्यादातर मुहावरे या फैशन में बदल गए हैं। मूल पर नकल बड़ी जल्दी हावी हो जाती है। आच्छादन की प्रक्रिया के जारी रहते हुए भी एक उम्मीद मनुष्य नहीं छोड़ता कि संभव है कहीं न कहीं यह संवेदन मूल में भी बचा हो। अगर 'पायरेसी' का धंधा चल रहा है तो मौलिक धुनों, गीतों, और स्वरों की खोज भी थमी नहीं है क्योंकि अब भी कुछ लोग हैं (बची हुई पृथ्वी की तरह) जो नए सृजन का उत्तरदायित्व महसूस करते हैं। इसलिए कोमलता को बचा लेना चाहते हैं।

[जुलाई 1997]

2

परिवेश–हम, तुम

नदियाँ विष प्रवाही, आकाश शोर और धुएँ से भरा, पवन दुर्गंधित और ऋतु-चक्र आड़ा-तिरछा ! कौन है इसका उत्तरदायी ?

जंगलों को मुण्डित कौन कर रहा है ? पशु-पक्षियों को आहार बनाकर उनकी तमाम प्रजातियों को धरती से मिटा देने के लिए कौन पगला उठा है ? नदियों में रसायन, मलबा और गंदगी कौन उँड़ेल रहा है ? कूड़ा-करकट से पृथ्वी को पाट देने के बाद उसे अंतरिक्ष में किसने उछाला है ? ओज़ोन के धरा-कवच को कौन क्षीण कर रहा है? वसंत को कांक्रीट के जंगल से कौन धक्के मार रहा है ?

जाहिर है कि वह, जो अपने को संसार का सर्वश्रेष्ठ प्राणी मानता है; और जिसे निसर्ग ने शब्द, स्पर्श, रस, रूप और गंध की ढेर सारी निर्मल सौगातें दी, थीं–सब कुछ दूषित कर दिया है उसने। वैज्ञानिक और औद्योगिक प्रगति पर बहुत नाज है उसे, और होना भी चाहिए, परंतु इस शती के प्रारंभ से ही बच्चे-बच्चे को रटा दिया गया है कि विज्ञान ने प्रकृति पर विजय प्राप्त कर ली है। मानो प्रकृति विज्ञान की शत्रु हो। इस मूर्खतापूर्ण और खतरनाक विचार ने प्रकृति की उपेक्षा की, उसे अपने अधीन समझा, जिसका एक प्रतीक घर में बंधक बनाए जानेवाले बोंसाई वृक्ष हैं। नतीजे में मनुष्य प्रकृति के वास्तविक अवदान से धीरे-धीरे वंचित होता चला गया। उसने न केवल प्रकृति की निर्मलता, संतुलन और उत्सव छीन लिए, बल्कि उन्हें अपने जीवन से भी खारिज कर तमाम तरह की कृत्रिमताओं से अपने को पाट लिया। औद्योगीकरण के नाम पर प्रकृति की चिंता किए बिना बड़े-बड़े कारखाने लगाए, जो जलवायु के प्रदूषण का मुख्य कारण बने। दैत्याकार बाँध खड़े करते हुए उसने तनिक भी न सोचा कि कहीं वह मनुष्यता के लिए कब्रगाहें तो नहीं बना रहा ?

कुछ समय पहले रामचंद्र सिंहदेव ने एक उपयोगी पुस्तिका लिखी

थी–'Civilization in Hurry' (सभ्यता हड़बड़ी में) इसमें उन्होंने बताया था कि ये जो दैत्याकार बाँध बनाए जा रहे हैं–ये मानवता की कब्रगाहें हैं। फिर भारतीय नेताओं ने घोषणा की है कि बीसवीं शती के अंत तक बाँध के समस्त केन्द्रों (Points) का उपयोग कर लिया जाएगा। क्षुद्र राजनीति ने तात्कालिक स्वार्थों के चलते यह नहीं सोचा कि सभी स्थलों पर आज ही बाँध बना लेंगे तो ऐसी कोई जगह ही नहीं बचेगी जहाँ अगली पीढ़ियाँ बाँध बना सकें। क्या उन्हें नहीं चाहिएगी बिजली, नहर या उससे जन्म लेनेवाले उद्योग ? क्योंकि बाँध तो अमर होते नहीं, कोई सौ साल चलेगा, कोई पाँच सौ; पर अंततः तो वे सपाट मैदान में ही बदलेंगे। उन्होंने सरकारी आँकड़े देकर यह बताया था कि अभियंताओं ने बाँध की जो उम्र मापी है, वह हमारी नौकरशाही, नासमझी और गंदगी की आदतों के चलते लगातार कम हो रही है। जिस बाँध को पचहत्तर साल चलना था, वह पच्चीस साल में ही बेकार हो गया, और इसी तरह अन्य भी असमय मृत्यु को प्राप्त होंगे। जल-ग्रहण क्षेत्र के, रेत और मिट्टी से पट जाने पर वे ऐसे मैदान बन जाएँगे जहाँ बरसात में बाढ़ आएगी और पानी संगृहीत न होने के कारण अन्य ऋतुओं में सूखा पड़ेगा। यानी यह दिखावटी तात्कालिक उपलब्धि अंततः विनाश में तब्दील हो जाएगी। उन्होंने इसके अनेक विकल्प सुझाए थे, लेकिन कौन ध्यान देता है ? राजनीति को समझना चाहिए कि वह भले ही तात्कालिक हो, मनुष्यता तात्कालिक और वक्ती नहीं है। एक समय दूसरे समय को बढ़ाकर ही गतिशील होता है, परंतु हमने अपने समय को आगामी समय का हत्यारा बना लिया है यानी स्वयं को ही स्वयं का हंता।

दुनिया से प्लेग समाप्त हो गया था, फिर लौट आया, क्यों ? इसका प्रमुख कारण है भूकंप, जिसमें पहाड़ी चूहे निकल कर सामान्य चूहों से मिल जाते हैं, फलस्वरूप प्लेग के कीटाणु जन्मते हैं।...और जल्दी-जल्दी जगह-जगह भूकंप क्यों आता है ? धरती के संतुलन को कई-कई तरीकों से नष्ट करने के कारण। क्या इसी को प्रकृति पर मनुष्य की विजय कहते हैं ?

प्रकृति हमारी जीवन-धारा का उत्स है। वह लगातार हर रूप में मनुष्य को आदि काल से देती ही रही है। वह सब प्रकार के प्रयोग और विकास के लिए खुली हुई है। लेकिन हम अपनी हड़बड़ी में उससे छीनने पर उतारू हो गए हैं, जैसे साधारण लाभ से असंतुष्ट व्यापारी दुर्भिक्ष-काल को 'संग्रह' का उत्सव बना लेता है। आज तो दुनिया के कुछ देश मानो मनुष्य के समस्त हितों के गोदाम हो गए हैं और उन्होंने सर्वग्राही अकाल को दुनिया की स्थायी विषय-वस्तु बना दिया है।

अगर मनुष्य का विकास, उसका उन्नयन, प्रकृति को प्रिय नहीं होता, तो सभ्य बनाने की पहल में वृक्ष अपनी छाल उतार कर उसे वस्त्र क्यों पहनाते ?

वल्कल पहनकर ही तो आदमी सभ्यता की पहली सीढ़ी पर चढ़ा था। यह केवल कवि-कल्पना नहीं, बल्कि प्रकृति के प्रतिदान की महत्ता का रेखांकन है कि कालिदास की शकुंतला जब पति गृह जाती है तो वृक्ष वस्त्राभूषण गिराते हैं। क्योंकि प्रकृति उसकी शत्रु नहीं है, अभिन्न मित्र है, इतनी कि जब भी किसी लता में पहला फूल आता है तो वह उत्सव मनाती है; पेड़-पौदे, नदी पर्वत, पशु-पक्षी, मनुष्य को अब तक क्या-क्या नहीं देते रहे हैं—अपनी छाती फाड़कर ? परंतु अब आदमी कभी छुरा दिखाकर, तो कभी बंदूक चलाकर तो कभी डाइनामाइट का धमाका कर एकबारगी उसकी सारी अस्मिता लूट लेना चाहता है। वह उसकी संपदा के संयत अनुग्रह से असंतुष्ट है। यहाँ तक कि प्रकृति की पराजय पर विजयोत्सव मनाता है ! यदि किसी जमाने में युद्ध-लिप्सु खेतों, खलिहानों को काटते, कुचलते विजय का डंका बजाते थे, तो आज पेट्रोल के कुओं में आग लगा देते हैं, समुद्र में तेल बहा देते हैं, धरती खोदकर उसका अंतिम सत्व निकाल लेना चाहते हैं और पशुओं को इंजेक्ट कर उनके मांस से दूध की अंतिम बूँद निचोड़ लेते हैं। लेकिन उन्हें मिलता क्या है ? मसलन दुधारू पशु को कमजोर बनाकर या उसे काट कर खा जाना क्या जीवनभर पाए जानेवाले दूध से ज्यादा बड़ी उपलब्धि होता है ? अपनी हिंसक और भीमकाय योजनाओं को पृथ्वी की छाती पर गाड़कर वह अगली पीढ़ियों के प्रति अपना कौन-सा कर्तव्य निभा रहा है। चीन को देखिए वहाँ जितने वृक्ष काटे जाते हैं, उतने (या उनसे ज्यादा) लगाए जाते हैं, ताकि अगली पीढ़ियों को जंगल मुहैया रहें। परंतु क्या हममें ऐसा विवेक है ? यहाँ तो क्षुद्र स्वार्थों के लिए एक ओर हरे-भरे प्रदेशों में, पहाड़ों में, जलभक्षी यूकेलिप्टिस लगाए जा रहे हैं तो दूसरी ओर निर्दयता से (और घोर अविवेक से) वनों का संहार किया जा रहा है। विचित्र बात है कि वनवासियों को चिपको आंदोलन चलाना पड़ता है—जैसे वृक्ष बचेंगे तो वर्षा उन्हीं के घर में होगी, पहाड़ बचेंगे तो सुरक्षा सिर्फ उनकी होगी। जबकि सच यह है कि जो कुछ बचेगा उसे तो वे ही हड़प लेंगे जिनके हाथ में कुठार है।

आज भी यदि कोई प्रकृति के सही रक्षक हैं तो आदिवासी, ग्रामवासी, किसान और प्रकृति जैसे निर्मल-जन। अपने प्रति ही नहीं, बल्कि प्रकृति के प्रति भी हिंस्रता और विरूपण के कारण यह प्रकृतिजीवी समाज शहरी और 'ह्वाइट कालर' लोगों से भयभीत है और उनके प्रति घृणा से भरा है। इनकी पूरी 'व्यवस्था' ने उसका विश्वास इस हद तक खो दिया है कि जब वह आदिवासियों के गाँवों में जाती है तो वे बेचारे छिप जाते हैं, उसके लगाए हैण्डपंप उखाड़ देते हैं, बिजली के तारों को तोड़ देते हैं—उन्हें मनुष्य की यह कौम हिंस्र लगती है, जैसे विकास के बहाने वह उन्हें खत्म करने आई हो। एक विचित्र अनुभव को आपसे बाँटना चाहता हूँ— जो बताता है कि सहज, प्रकृतिजीवी लोगों की दृष्टि

में हम बुद्धिजीवियों, विज्ञान और राजनीति पसंद उजले-उजले शहरियों की क्या हैसियत है ?

एक बार चित्रकूट जाना हुआ। एक सड़क से कुछ दूर खाली जमीन में एक झोंपड़ी थी– बिना दरवाजे की। कोई 80 वर्ष से ऊपर की एक वृद्धा वहाँ बैठी थी, आराम से धूप में। एक छोटा-सा बंदर उसके कंधे पर बैठा सिर के बाल उँगलियों से टटोल रहा था जैसे माँ बच्चों की जूँ-लीक बीनती है। पास में एक बकरी और कुत्ता खड़ा था। हमारे लिए यह रोचक दृश्य था। एक रात हम फिर उधर से गुजरे, देखा–वृद्धा चूल्हे पर देगची में कुछ पका रही थी, और चूल्हे के आस-पास बंदर, कुत्ता, बकरी और शायद बिल्ली उत्सुकता से बैठे थे, जैसे भूखे बच्चे चूल्हे के पास बैठे भोजन की प्रतीक्षा करते हैं–जब माँ बनाती है। एक दोपहर को हमने देखा कि एक थाली में दलिया या खिचड़ी थी और उसी में ये सब प्राणी एक साथ खा रहे थे और अचरज कि वृद्धा भी उसी में खा रही थी। इस विचित्र और अकल्पनीय पारिवारिकता को देखकर हम रोमांचित हो उठे। इस वृद्धा को न किसी बैक्टीरिया का भय था न पशुओं के साथ खाने से कोई परहेज। इस आत्मीय पारिवारिकता ने जैसे उसके सारे रोग-शोक भगा दिए थे। इस उम्र में भी वह लगातार उन्हीं के किसी न किसी काम में लगी रहती थी। हम लोग आते-ज़ाते कभी-कभी वृद्धा को कुछ देते रहते थे। एक दिन उसके 'परिवार' को खिलाने के लिए हम ढेर सारे बेर ले गए। वृद्धा ने अपने आँचल में ले लिए। हम जिज्ञासावश वहाँ खड़े रहे, पशुलीला देखने के लिए। वृद्धा ने उस समय हमारी ओर जिस दृष्टि से देखा था वह कभी भूलती नहीं, उसकी आँखों में हमने अपने को भीतर तक देख लिये जाने को देखा। उसने हल्की-सी अर्थ भरी मुस्कान से कहा 'जाव, दे देब'–भाषा की यह सघन, सूक्ष्म व्यंजना किसी भी कविता से बड़ी थी। उसके इस कथन से लगा कि उसकी दृष्टि में हम इस तरह आँके गए हैं, जैसे इस बात की चौकसी के लिए वहाँ रुके हैं कि यह स्त्री हमारे द्वारा दिए गए बेर कहीं स्वयं न खा ले, उन्हें ही दे जिनके लिए हम लाए हैं। जबकि हम केवल कुतूहलवश रुके थे। यह विचलित और आत्म-हीन करनेवाला क्षण था। हमने इस वाक्य और दृष्टि से जान लिया कि हम शहरियों के प्रति ग्रामीण और प्रकृति-जीवियों का क्या सोच है। वे हमें कितना क्षुद्र और गिरा हुआ समझते हैं !

हमने जो कुछ देखा वह लंबे अर्से से ग्राम और प्रकृति के प्रति शहरियों द्वारा किए जा रहे अत्याचार और दुर्व्यवहार की परिणति थी। हमने उनके जीवन से लगातार उनके मानवीय मूल्यों को, प्रकृति से उनके संबंधों को, उनके हितों को छीन कर उनकी दृष्टि में अपने पूरे समाज को अविश्वसनीय बना लिया है। आखिर जिन नदियों को हम प्रदूषित करते हैं, वे गाँवों से होकर भी बहती हैं

और हमारा घिनौनापन वहाँ ले जाती हैं। लगातार अपनी विकृतियों को उन पर लादने, उनका शोषण करने की यह स्वाभाविक परिणति थी कि उन्होंने हमारे बारे में एक सामान्यीकृत धारणा बना ली है। जंगल में अगर साँप हो तो हर खड़कते हुए पत्ते और मुस्कराते फूल से भी हम आशंकित रहते हैं, हालाँकि साँपवाले वन के हर पत्ते और फूल में साँप के जहर का कुछ न कुछ अंश समाया होता है–फिर वह चाहे भय और आशंका के रूप में ही क्यों न हो ! इसलिए यह गलतफहमी नहीं होनी चाहिए कि ग्रामीणों को शहरियों की सभ्यता, शिक्षा आदि से कोई घृणा है, अगर उन्हें घृणा है तो जीवन को अभिशप्त करनेवाले उनके कारनामों से।

भारत, प्रकृति की संसार में सबसे बड़ी लीला भूमि है। यहाँ सभी ऋतुएँ–किसी ने किसी भाग में एक साथ मौजूद रहती हैं। नदी, पर्वत, वन और अन्नपूर्णा धरती से, भारतीय साहित्य का सदा से गहरा संबंध रहा है। क्योंकि उसने प्रकृति से अपनी सहधर्मिता और सह-अस्तित्व को पहचाना है। भारत की पहली कविता ही पशु-पक्षी की हिंसा के विरुद्ध जन्मी थी। कवियों ने प्रकृति की हल्की से हल्की धड़कन और कंपन को महसूस किया है। आदिकवि वाल्मीकि जानते हैं कि कड़कड़ाती ठंड में जलचर हंस, कैसे सम्हल कर, डर कर ठंडे पानी में पैर डालते हैं ? कालिदास को पता है कि अनुकूल मंद-मंद पवन यात्रा का शुभ शकुन है। पद्माकर मन में वसंत का बगरना महसूस करते हैं, पंत बाल-पक्षिणी से सवाल करते हैं कि शीत में, घोंसले में बंद, अँधेरे में, तुमने कैसे जान लिया कि सूर्य की पहली किरण अंतरिक्ष में प्रवेश कर चुकी है ? शमशेर सोचते हैं कि ये पशु कैसे सोते होंगे ? कब सोते होंगे ? प्रेमचंद के बैल अपनी व्यथा-कथा हमारे कान में कह जाते हैं। प्रसाद की प्रकृति हमें अतिवाद के प्रति सावधान करती है। रचनाकार तो मनुष्य की संवेदना का प्रतीक भी है और प्रहरी भी। प्रकृति से उसका साहचर्य और संवाद मनुष्य से प्रकृति के संवाद और साहचर्य का प्रतीक है। इस तरह अंतःप्रकृति बाह्यप्रकृति के सहारे निरंतर परिष्कृत, सरल और प्रांजल बनती है। आज प्रकृति के प्रति हिंस्र और विसंवादी होकर हमने क्या पाया है–तरह-तरह के शारीरिक, मानसिक रोग, एक संकीर्ण और विकृत अंतःकरण, एक संवेदनहीन आत्मकेन्द्रित जगत् और चारों तरफ प्रदूषण का ताण्डव–जो अंततः हमारा विनाश ही करेगा। मनोवैज्ञानिक कहते हैं कि पहाड़ और समुद्र को देखने भर से मनुष्य का हृदय विशाल होता है–तो यदि वे हमारे मन में ही बस जाएँ तो हम कितने विराट और उदात्त हो सकेंगे ?

पर्यावरण को दूषित करना मनुष्य की ऐसी विडंबना है, जो तात्कालिक लाभ के लिए अर्जित दीर्घकालीन हानियों की तरह है। जब पेड़ गिरता है तो क्या उसके पत्ते सलामत रह सकते हैं–सृष्टि का ध्वंस करके क्या कोई मनुष्य अपने

को बचा सकेगा ? यह प्रश्न आप चाहें तो राजनीति, अर्थशास्त्र, समाजशास्त्र, नृतत्वशास्त्र, भूगर्भशास्त्र, भूगोल और मनोविज्ञान से पूछ लें। हर जगह आपको एक ही उत्तर मिलेगा–'नहीं'।

यह जान लेना जरूरी है कि प्रकृति मनुष्य का प्रतिपक्ष नहीं है, वह उसकी सहचरी है। जो रहस्य खोजे गए हैं–वे खोजने के लिए ही उसने बचाए हैं, ताकि मनुष्य का कर्तृत्व अकारथ न हो, उसका पौरुष हीनता-बोध में न बदल जाए। वैज्ञानिक विकास और औद्योगिक सभ्यता के विकास से प्रकृति का कोई विरोध नहीं है, हाँ इसे असंतुलन और विकृति की हद तक पहुँचानेवालों को वह क्षमा नहीं करेगी। शायद मनुष्यता को अंतिम विनाश से बचाने का उसके पास यही अस्त्र बचा है।

[फरवरी 1997]

3

सौंदर्य का तात्पर्य

भारत में इस साल तीन माह पहले ही वसंत आ गया ! भले ही एक दिन के लिए। मगर फिज़ाओं में अब भी खुमारी है। टी. वी., रेडियो और कम से कम एक साल तक विज्ञापन-तंत्र झूमता रहेगा।

लेकिन भारत भी अजब देश है ! सिद्धार्थ जैसा कोई सुकुमार राजकुमार इसे सुहाता ही नहीं, जबरन उसके रास्ते में बीमार, बूढ़े और मरे हुए लोगों को सामने कर देता है–नतीजे में वह इस नश्वर संसार को छोड़ देता है और संसार की दुःख मुक्ति के लिए, सत्य की शोध के लिए कठोर साधना करने निकल पड़ता है। जब-जब भी सिद्धार्थ पुनर्जन्म लेते हैं, उनके साथ ऐसी ही दुष्टताएँ होती हैं। त्रिपिटक इन कथाओं से भरे पड़े हैं। अब इस कलिकाल को ही लीजिए। राजकुमार 'अमिताभ' पुनः जन्म लेता है और संसार का दुःख हरने के लिए हेमंत में वसंत लाता है, तब भी यही हरकत ! लोग उसके राजमार्ग पर आत्मदाह कर लेते हैं, अपंग बच्चों का हुजूम सड़कों पर उतर आता है और उसके सौंदर्य-बोध को दूषित कर देता है। इसी से आज़िज आकर तो उसे राज-काज छोड़कर विश्व के ठेठ दूसरे छोर में आसन जमाना और धूनी रमाना पड़ा था, परंतु कभी-कभी वृद्ध शुद्धोधन, महामाया और दुखी यशोधरा की याद उसे उसी द्वार पर लौटाती है।··· और यहाँ चुनौती खड़ी है सामने–अंगुलिमाल दैत्य-सी–उसकी जननी जन्मभूमि को असमर्थ कहा जा रहा है–भारत एक विश्व-सुंदरी प्रतियोगिता तक आयोजित नहीं कर सकता ! धिक्कार है ऐसे मनुष्य जन्म को जो देश के लिए एक अदद विश्व-सुंदरी प्रतियोगिता तक नहीं कर सके ! क्या कहेंगे लोग– सिद्धियाँ इसीलिए अर्जित की थीं ? अमीरी की गुफाओं में इसीलिए धूनी रमाई थी ? कुछ भी हो यह असंभव संभव करना ही होगा। इति !···

···कितनी विचित्र और लंबी यात्रा है इस देश की ! लंबी नहीं, चक्राकार।

(हमारे लिए काल 'रेखीय' नहीं 'चक्राकार' है।) घूम-फिर कर हम लौट आते हैं–वहीं, जहाँ से चले थे। मध्यकाल में स्त्री धन थी। उसे अर्जित किया जाता था। शासक को सलाह दी जाती थी कि उसके हरम में ज्यादा नहीं तो कम-से-कम चार औरतें तो होनी ही चाहिए–एक सलाह-मशविरे के लिए, एक भोग के लिए, एक खाना पकाने के लिए और एक डाँट खाने के लिए। क्योंकि वह 'वस्तु' है–'गृहिणी, सचिवः मिथः सखी, प्रिय शिष्या ललिते कला विधौ' वाला इकहरा आदर्श किस काम का ? उसे सुख-विलास और गहनों से लाद दिया जाता था, वह दब जाती थी–उस एहसान के तले। इसी से नारी युग-युग से पराधीन रही–क्योंकि यह मोह उसके लिए स्वर्ण-मृग साबित हुआ, उसकी अस्मिता का हरण करनेवाला–नृशंस।

नए युग की स्त्री ने इस कुचक्र को समझा, उसने आत्म-जागरण के लिए संघर्ष किया। उसने अपने सौंदर्य की परिभाषा बदली, अपनी अस्मिता का अर्थ पहचाना। आज स्त्री महासमर लड़ रही है, अपने व्यक्तित्व की गरिमा के लिए; अपनी सामाजिक, मानवीय प्रतिष्ठा के लिए; अधिकारों के लिए।... और जैसे-जैसे उसका संघर्ष तेज हो रहा है, वैसे-वैसे मध्यकालीन प्रवृत्तियाँ भी तेज हो रही हैं ताकि उसे और भी ज्यादा जकड़ सकें–उन्हीं बंधनों में जिनसे वह मुक्त होना चाहती है। निराला ने लिखा है कि रावण के भीतर की सिद्ध शक्ति वैसे-वैसे अधिकाधिक धधकती है जैसे-जैसे राम और क्रुद्ध और क्रुद्ध होकर प्रतिकार करते हैं :

...क्रुद्ध युद्ध को मैं ज्यों-ज्यों।
झक-झक झलकती वह्नि वामा के दृग त्यों-त्यों !

यह आसुरी शक्ति का चमत्कार है–'अन्याय जिधर है शक्ति उधर !'–देखिए न सब एक स्वर में गा रहे हैं, एक राग; और अकेली छूट गई हैं चंद स्त्रियाँ जो स्त्री मात्र की स्वाधीनता के लिए संघर्ष कर रही हैं।

सौंदर्य किसे बुरा लगता है ? सुंदर आँखें, सुंदर नाक, स्निग्ध कपोल, लहराती चाल, सुगठित अंग-यष्टि भला किसे बुरी लगेगी ? मगर क्या यह प्रदर्शनी में रखने के लिए है ? और क्या सौंदर्य का यही अर्थ है ? जयशंकर प्रसाद लिखते हैं :

'उज्ज्वल वरदान चेतना का
सौंदर्य जिसे सब कहते हैं
जिसमें अनंत अभिलाषा के
सपने सब जगते रहते हैं।'

सौंदर्य चेतना का 'उज्ज्वल' वरदान है। वह मनुष्य की अनंत अभिलाषाओं

को उद्‌भासित करता है–जो उसे बेहतर इंसान बनाए, श्रेष्ठतर विकास की ओर अग्रसर करे–क्योंकि वह 'काला वरदान' नहीं, 'उज्ज्वल वरदान' है। वही सौंदर्य है जो देह की सीमा में नहीं, उसकी अपार उज्ज्वल संभावनाओं में है। शमशेर कहते हैं कि कला का सबसे बड़ा संघर्ष है हृदय को विशाल बनाकर उसमें इतना प्रेम समा देना कि वह सौंदर्य बन जाए :

प्रेम का कँवल कितना विशाल हो जाता है
आकाश जितना
और केवल उसी के दूसरे अर्थ सौंदर्य हो जाते हैं
मनुष्य की आत्मा में।

कवि मनुष्य की उज्ज्वल चेतना में, उसके हृदय की व्यापकता में सौंदर्य खोजते हैं; और हमारे आधुनिक माध्यम और पूरा फैशनेबल समाज स्त्री की त्वचा, देह, उभार, जंघा, कमर और शृंगार-प्रसाधनों में सौंदर्य को कैद कर रहा है। विश्व में सबसे सुंदर स्त्री कौन होती है, इसका फैसला कौन करता है ? शरीर; या कर्म; या भावना; या साधना; या संघर्ष; या प्रतिभा ? बूढ़ी, बीमार मदर टेरेसा से सुंदर कौन है ?

जरा गौर करें कि सौंदर्य प्रतियोगिताओं के क्या सुंदर नतीजे निकल रहे हैं–हमारी कच्ची पीढ़ियों में ? वागर्थ के जुलाई 1995 के अंक में छपी परिचर्चा में कुसुम खेमानी ने आर्त्त स्वर में कहा था कि उन्होंने 1500 लड़कियों से एक सवाल पूछा कि वे 'क्या बनना चाहती हैं ? उनमें से 1133 लड़कियों ने कहा–सुष्मिता सेन !' यह एक दहशत भरी खबर है। हमारी 87 प्रतिशत लड़कियों को झाँसी की रानी लक्ष्मीबाई, अमृता शेरगिल, लता मंगेशकर, मीना कुमारी, किरण बेदी, पी.टी.उषा, मेडम क्यूरी, महादेवी, महाश्वेता देवी, संयुक्ता पाणिग्रही, मेघा पाटकर या इंदिरा गांधी नहीं बनना; उन्हें बनना है सुष्मिता सेन ! कैसे बनेंगी ? क्या उपाय करेंगी ? इन पर विचार करें; क्योंकि आँख, नाक, हाथ, पैर, लंबाई वगैरह तो किसी के हाथ में नहीं। बचा रहता है–ब्यूटी पार्लर, प्रसाधन के साधन और थोड़ी बहुत लोच-वोच।

कोई सुंदरी, दूसरी स्त्री को सुंदरी नहीं बना सकती, लेकिन एक समाज-सेवी, वैज्ञानिक, कलाकार, साहसी, संघर्षशील स्त्री असंख्य स्त्रियों को वहीं बना सकती है, जो वह स्वयं है। रूप का संक्रमण नहीं होता, गुण का संक्रमण होता है। साधारण देह-यष्टि की वैज्ञानिक लाख चाहे तो स्कलीवा नहीं बन सकती, लेकिन स्कलीवा चाहे तो वैज्ञानिक बन सकती है। इसलिए रूप के संक्रमण की कामना मृगतृष्णा है–शुद्ध मरीचिका ! जबकि गुण के संक्रमण की इच्छा यथार्थ

है और सामाजिक विकास का आधार भी। इसलिए जब हम विश्व के सौंदर्य की दैहिक आधार पर पराकाष्ठा तय करते हैं तो भूल जाते हैं कि हम स्त्री के; और शायद समस्त मानवता के सौंदर्यबोध को एक झूठी, कृत्रिम, प्रवंचना में भुला कर मानवता के भाव-सौंदर्य, कर्म-सौंदर्य, चरित्र-सौंदर्य, साहस, मूल्य को नष्ट कर रहे हैं। जिस दिन शरीर की कसौटी पर कोई सुंदरी विश्व विजय करती है उसी दिन दुनिया भर की स्त्रियाँ पराजित हो जाती हैं–यानी स्त्री के सारे गुण, सारे मूल्य और समस्त उपलब्धियाँ। एक सुंदरी की दैहिक विजय ऐसा प्रतीक है जो सौंदर्य की शेष संभावनाओं को हीनता बोध में बदल देता है। तब, किस सौंदर्य का प्रसार संभव है ? कौन-सा सौंदर्य आकाश जितना विशाल हो सकता है ? कौन-सी सुंदरता सौंदर्य का प्रसव करती है ?

अब इन प्रतियोगिताओं की परिणति भी देखें। आप सुंदरता का सबसे ऊँचा ताज पहना कर किसी के जीवन को क्या सार्थकता देते हैं ? पेय की बोतल थमा देते हैं; किसी पावडर के डिब्बे पर बिठा देते हैं या ऐसा ही कुछ। तब क्या होता है ? हम सुंदर चेहरे से आकर्षित होकर पावडर का डिब्बा खरीदते हैं तो हमें सुंदरी नहीं मिलती, पावडर का डिब्बा मिलता है। यानी यहाँ जाकर स्त्री, एक वस्तु तक नहीं रहती, वस्तु की वस्तु बन जाती है। क्या इसी के लिए इस सौंदर्य की दुंदुभी, आक्रामक संचार माध्यमों से, संसार के अरबों लोगों के बीच बजाई जाती है ? क्या इसीलिए न्यायालय-दर-न्यायालय गुहार की जाती है कि हमें वह सब दिखाने दो जिससे अंग-प्रत्यंग परखा जा सके। क्यों ? क्योंकि 'बाजार' उस सुंदरता को जाँचता है; उसकी एक्स-रे आँख उसमें देखती है अपने उत्पाद–सौंदर्य नहीं; जिसके लिए वह ऊँची बोली लगाता है और इस तरह एक अपसंस्कृति का विकास होता है। बाजार ने स्त्री की देह-यष्टि जैसे जूते विकसित किए हैं–भला इससे ज्यादा अपमान, स्त्री देह का क्या हो सकता है ?

यह सब घटित हो रहा है, तब भी प्रायः चुप हैं लोकतंत्र के सारे आधार-स्तंभ ! मुक्तिबोध ने 'भूल-ग़लती' कविता में लिखा था कि आतंक के आगे–'सब खामोश' हैं (आधुनिकता के ग्लैमर और विपुल साधनों का भी एक आतंक होता है) :

शाइर और सूफ़ी,
अल ग़ज़ाली, इब्ने सिन्ना, अलबरूनी,
आलिमो फ़ाजिल सिपहसालार, सब सरदार
हैं खामोश !!

दाएँ खामोश–कहीं उल्टा बोलने पर उन्हें प्रतिक्रयावादी, पुराणपंथी न कह दिया जाए ! बाएँ खामोश–उस नाव में कैसे छेद करें जिसमें बैठे हैं ! तटस्थ

खामोश–नया जमाना है, समय बदल गया है ! क्या बदल गया है ? बदल कर क्या हो गया है ? किसने बदला समय ? कौन निर्धारण कर रहा है समय का ? किसे निर्धारित करना चाहिए समय ? नक्कारखाने में भले ही तूती की आवाजें हों ये प्रश्न–मगर पूछे जाने चाहिए, चाहे जितने अकेले पड़ जाएँ।

[दिसम्बर 1996]

4

स्त्री : युद्ध का मोर्चा

जवाहरलाल नेहरू ने कहा था कि 'कोई देश कितना सभ्य है, इसे दो बातों से जाँचा जा सकता है। एक तो वहाँ नारी का क्या स्थान और दशा है; दूसरे उसकी औद्योगिक प्रगति कितनी है।' इस जाँच में एक तीसरा मुद्दा भी शामिल होना था कि वहाँ नारी और औद्योगिक प्रगति के क्या संबंध हैं ? क्योंकि औद्योगिक प्रगति की दृष्टि से तो कई देश सभ्यता के शिखर पर पहुँच चुके हैं, लेकिन इस दौर ने नारी का किया क्या–उसके नाप-जोख, लटके-झटके, रूप-रंग को शीर्ष अलंकरण देकर उसे अपने विज्ञापन का माध्यम बना लिया। जब नारी ने अपनी अस्मिता और अपने को पूरा मनुष्य समझने की लड़ाई छेड़ी और स्त्री चिन्हों को उतार फेंकना शुरू किया (जो उसके बंधन का प्रतीक थे) तो इस सभ्यता ने नए, आकर्षक स्त्री-चिन्ह विकसित कर लिए। बंधन के बेहद नफीस, उत्तेजक और मोहक उपकरणों से बाज़ार पट गए–यही नहीं, यह बाज़ार घर-घर में आँखों की राह से लगातार मन में उँड़ेला जा रहा है।

स्त्री की दो कमजोरियों पर उँगली रखी गई, एक उसके मर्म से संबंधित है, दूसरी उसकी देह से, यानी रूप-वृत्ति से। यह सभ्यता 'नारी-मर्म' को झपट रही है और 'वृत्ति' को नई भंगिमा दे रही है। संसार भर में, विशेषतः पश्चिमी देशों में, स्त्री से उसका मातृत्व, उसका लालन पृथक् किया जा रहा है। कपड़े की तरह स्त्री-पुरुष को त्यागने और बदलने की स्वाधीनता का ख़मियाज़ा मुख्य रूप से स्त्री को ही उठाना पड़ता है–मातृत्व की कीमत चुका कर। पश्चिम के बेतहाशा बालगृहों में ऐसे बच्चे किराए की हमदर्दी पर पल रहे हैं...इस तरह विकसित पीढ़ियों में मनुष्य के सहज संवेग और संवेद क्या रूप लेंगे ? क्या भावी पीढ़ी के सारे संबंध स्वार्थ ही तय करेगा–एक बेहद बाज़ारू ढंग से ? तलाक का नियम मुख्य रूप से नारी के पक्ष में बनाया गया था। तभी वह धार्मिक या जातीय संविधानों की तरह इकतरफा नहीं हुआ, फिर भी नारी-मुक्ति के इस

अनिवार्य मार्ग का अक्सर स्त्री के विरुद्ध हथियार के रूप में इस्तेमाल हुआ। ऐसे ढेरों उदाहरण हैं, जहाँ स्त्री की 'सहमति' ऐसी बाध्यता और विवशता का पर्याय रही है जो पुरुष को स्वच्छंदता का अनुशंसा पत्र (लायसेंस) देती है। एक तरफ अहम् और स्वार्थ ऐसा जबरदस्त दबाव बनाए रहता है कि संबंध जुड़ने भी नहीं पाते कि टूट जाते हैं; शहनाई चुप भी नहीं होती कि श्वान विलाप करने लगते हैं। संवेदना की वे सारी शर्तें जो संबंधों का शॉक आब्जर्वर होती हैं, भुला दी जाती हैं। सहनशीलता, प्रेम और उदारता जो न केवल संबंध निभाने बल्कि जीने का शिल्प और किसी हद तक वस्तु है, गायब हो जाती है। संसार के सर्वेक्षण से क्या प्रकट हुआ ? कि जिनके जीवन में एक बार विच्छेद घटित हुआ, उसी की आवृत्ति बार-बार हुई। इसका शिकार तो ज़्यादातर नारी ही रही होगी, क्योंकि स्वार्थ के बँटवारे में आज भी पुरुष ही भारी पड़ता है। इसलिए जो सभ्यता, लगातार हार्दिकता, सौजन्य और कृतज्ञता को खारिज कर मनुष्य को आत्म केन्द्रित बना रही है, वह नारी को उसका सही मानवीय अधिकार कैसे दे सकती है ?

प्रश्न यह है कि यह तथाकथित नई सभ्यता स्त्री को उन्हीं बंधनों में दुबारा क्यों बाँधना चाहती है, जिनसे मुक्त होने के लिए वह छटपटा रही है ? इसमें उसका कौन-सा स्वार्थ निहित है ? असल में भौतिक उन्नति से मनुष्य ऊपरी तौर पर तो समृद्ध हुआ है, लेकिन भीतर से लगातार खोखला हो रहा है। ऊपर से रूढ़ियाँ तोड़ने का दिखावा करते हुए भी उसकी भीतरी बेड़ियाँ नहीं कटी हैं; नारी के प्रति उसकी दृष्टि नहीं बदली है—वही अहम्, वही भोगपरक हिंस्रता, वही अधिकार भावना ! हाँ, उसकी शैली ज्यादा नफीस, ज्यादा कुटिल और ज्यादा धुली-पुँछी हुई है। जैसे, अब वह बालिका की हत्या नहीं करता, गर्भ में ही उसे मार देता है—ताकि उसका ऊपरी सभ्य और दयार्द्र चेहरा ज्यों का त्यों बना रहे और काम तमाम भी हो जाए। स्त्री पर विजय और अधिकार आज उसके लिए और जरूरी है—अधिकाधिक लाभ की घुड़दौड़ में विजयी होने के लिए और विजयोत्सव के लिए भी—भोग-विलास, वैभव और कातरता के प्रदर्शन के लिए भी तो उसे एक लोचदार, सुंदर, थिरकता, आक्रांत हो सकने लायक जिस्म चाहिए। इसलिए वह स्त्री की दासता, उसके पराश्रय की नई विधि आविष्कृत करता है। क्या यह हैरत की बात नहीं की स्त्री जिस समता और अधिकार की लड़ाई लड़ रही है, उसे कोई उपभोग की स्वच्छंदता और देह की निर्वसनता से परिभाषित करे ? कैबरे नृत्य, फैशन शो, सौंदर्य प्रतियोगिताओं में सहसा आए उफान और नाममात्र के कपड़ों में स्त्री के आंगिक विलास की प्रस्तुति क्या स्त्री मात्र को यह सुझाव नहीं देती कि उसका अधिकतम सौंदर्य और स्वाधीनता अधिकतम आंगिक उन्मुक्तता में है ? याने स्त्री ने चाही वर्जनाओं से मुक्ति और उसे ये देते हैं

वस्त्रों से मुक्ति ! ऐसे संकेत सामान्य स्त्री-पुरुष में किस स्तर का आवेग और कामना जगाते हैं ? क्योंकि पहले तो यह मायाजाल प्रभुवर्ग तक सीमित था, साधारण जनता की उस तक पहुँच नहीं थी, लेकिन अब तो यह हर जगह उपस्थित है—आप चाहें या न चाहें। बाल काले और घने रखो, त्वचा को मुलायम बनाए रहो, झुर्रियाँ छाँटो, अंग-अनुपात और सौष्ठव पर ग़ौर करो और कुछ न कर सको तो पति बच्चों के कपड़ों के दाग छुड़ाने को युद्ध जैसी चुनौती मानो। मानो स्त्री की जरूरत और संघर्ष कुल जमा इतना ही है ! रोटी, घर, रोग-शोक और रोजमर्रा की ढेरों मुसीबतें रहीं ही नहीं, उन्नति और विकास की उसकी कोई मंजिल ही नहीं ! जीवन की जितनी आवश्यकताएँ, भाव, आवेग, संघर्ष और कामनाएँ हैं, सभी को शरीर के इस छोटे से दायरे में, बहुत खूबी से निचोड़ दिया गया है। देह का रख-रखाव आधुनिक नारी को इस सभ्यता द्वारा दिया हुआ नया आभरण है। पुराने आभूषण जो किसी हद तक उसकी सुरक्षा और निजी संपत्ति थे, क्या इसीलिए उसने उतारे थे ? स्त्री की आत्मनिर्भरता और आर्थिक स्वाधीनता का इस तरह शोषण कि जैसे-जैसे सुरसा ज्यादा-ज्यादा मुँह फैलाती चले, हनुमान देह बढ़ाते जाएँ। यानी कृत्रिम आवश्यकताएँ बढ़ती चली जाएँ तो उन्हें अर्जित करने के लिए श्रम तथा चेष्टाएँ-कुचेष्टाएँ भी बढ़ती हैं। इस तरह नारी अधिकाधिक अर्जित करने की दौड़ में रहे—फिर भी अपनी सही ज़रूरतों के लिए परमुखापेक्षी ही बनी रहे। यह सूक्ष्म और वायवी कैद पहले की कैदों से ज्यादा मजबूत है। आधुनिक नारी के सम्मुख यह कैसा विकट दोहरा युद्ध है—एक अप्रत्यक्ष प्रत्यक्ष से, दूसरा प्रत्यक्ष मरीचिका से !

यह अधिक चुनौतीपूर्ण इसलिए हो उठा है कि स्वयं स्त्रियों का एक वर्ग नए भ्रमजाल में फँस कर स्त्री मात्र को फँसा रहा है, बिना यह सोचे कि साबुन के सान्निध्य में प्रेमिका जैसी लाज; घोड़ा, साबुन और हवाखोरी के रिश्ते; साँसों की खुशबू से प्रेम संबंध का निर्धारण; असंख्य स्त्रियों को क्या संदेश दे रहा है ? स्त्री क्यों इंकार नहीं करती कि वह बाजार का माध्यम नहीं बनेगी। अपनी व्यावसायिक आत्मनिर्भरता के बदले लाखों-करोड़ों स्त्रियों को वस्तुओं का दास नहीं बनाएगी। दुर्भाग्य से इन कृत्रिम बंधनों की ओर अक्सर नारीवादी आंदोलन का भी न सिर्फ ध्यान नहीं गया है, बल्कि यह सब उसे अपने पक्ष में लगता है !

इसका यह अर्थ नहीं कि स्त्री के प्रति हजारों वर्षों से अन्याय का जो वितान तना हुआ है, उसकी ओर से ध्यान हटाया जा रहा है। नहीं। वह तो है ही प्रतिरोध के परिसर में। क्योंकि आमतौर पर कोई ऐसा देश-काल नहीं जो स्त्री का अपराधी न हो। कहीं जन्मते ही गला घोंटने से बची, तो आग में; कहीं आग से बची तो घरों में ही नर्कवास; कहीं नर्कवास से बची, तो देह-मन का शोषण; और कहीं इससे भी बच गई तो दूसरी तरह की अवमानना, अन्याय। युद्धों,

कामुकताओं, धर्मों, दर्शनों, समाज-व्यवस्थाओं, नैतिक नियमों और लिंगमूलक अहम् ने भाँति-भाँति से उसके प्रति जो अन्याय और अनाचार किया है, उसका लेखा-जोखा लेना असंभव है। स्त्री की दुर्दशा के लिए स्वयं उसे जिम्मेदार ठहराते हुए बहुत से दुर्गुण गिनाए जाते हैं, पर यह कोई नहीं बताता कि उनमें कितने समाज व्यवस्थाओं, प्रतिबंधों, दमनों, प्रलोभनों, शरीर-मन के शोषणों से उपजे हैं, जो इस हद तक स्वाभाविक बन गए हैं कि स्त्री भी उसे अपनी नियति और सीमा मान चुकी है। किसम-किसम के अत्याचारों का ग्राफ; अनेक बेहद अच्छे व्यक्तिगत, सामूहिक और सांस्कृतिक प्रतिमानों के बावजूद, कुल मिलाकर नीचा तो नहीं हुआ। अब तो नारी-बीज के अपघात की प्रयोगशाला भी नारी को ही बनाया जा रहा है। क्या मेडिकल साइंस ने इतनी प्रगति इसी मुकाम पर पहुँचने के लिए की थी ?

निश्चय ही इस परिप्रेक्ष्य में नारीवादी आंदोलन आज की अनिवार्यता है, परंतु कुल मिलाकर इतिहास के अन्याय और अत्याचार उसके निशाने पर हैं। वह पुरुष के प्रति ज़िहाद का सामान्यीकरण और सरलीकरण कर रही है। एक अतिवाद के विरोध में दूसरा अतिवाद, यद्यपि आंदोलन की उत्तेजना और त्वरा के लिए तो ज़रूरी है, परंतु उसकी गति और शक्ति का नियामक नहीं। विजय युद्ध की उत्तेजना नहीं, युद्ध का विवेक दिलाता है। अगर हम इतिहास और वर्तमान पर व्यापक दृष्टि डालें तो ऐसे ढेरों उदाहरण हैं जहाँ पुरुषों का एक बड़ा और न्याय संगत समूह स्त्री के पक्ष में लगातार संघर्ष करता रहा है। दुनिया भर के विवेकवानों, विचारकों, समाज सेवियों, धार्मिकों, आर्थिक-राजनीतिक क्षेत्र के श्रेष्ठ पुरुषों ने स्त्री के प्रति अन्याय का विरोध किया है और अपनी शक्तियों का उसके पक्ष में उपयोग किया है—और साहित्य तो हमेशा स्त्री के पक्ष में ही खड़ा रहा है। आदिकवि वाल्मीकि से ही रचनाकार का नारी के पक्ष में संघर्ष जारी है। स्वयं वाल्मीकि ने क्या स्त्री की लड़ाई कम लड़ी थी—कवि के रूप में भी और व्यक्ति के रूप में भी ? संस्कृत के अलंकरण युग के पहले महाकाव्य 'बुद्ध चरित' में कवि अश्वघोष की यशोधरा संदेश लानेवाले से बिफर कर पूछती है कि 'कुतोस्य धर्मः सहधर्मचारिणी विना'...'वह कौन-सा धर्म है (वह धर्म ही कहाँ है) जिसे वे सहधर्मिणी के बिना करने गए हैं'—क्या मध्यकाल के कवि ने नारी की घुटन और आजीवन चहारदीवारी में बंदी रहने की पीड़ा को गहराई से महसूस किए बिना ही यह लिखा होगा :

'यहि अंगना यहि देहरी यही ससुर को गाँव
दुलहिन दुलहिन टेरते बुढ़िया पड़ गयो नाँव।'

साहित्य में स्त्री-पक्षधरता की यह परंपरा आज तक न सिर्फ अक्षुण्ण है,

बल्कि और तीखी हुई है। निश्चय ही यहाँ भी उसके विरोधी स्वर हैं लेकिन अपवाद स्वरूप ही। यानी कुल मिलाकर 'देवी बनाना और वेश्या बनाना' एक ही साँस में कहा जानेवाला जुमला नहीं है—दोनों चीज़ों को बनानेवाले दो प्रकार के चरित्र हैं। हालाँकि कुटिल और अन्यायी चरित्र हर युग में बहुत ताक़तवर और आक्रामक रहे हैं, फिर भी विश्लेषण और विवेक से महिला आंदोलन कमजोर नहीं होगा—उसे शेष आधी दुनिया से भी बहुत बड़ा बल और समर्थन मिलेगा, जो कि उसे प्राप्त है भी। नाहक ही वह अपने को अकेला और बेगाना महसूस कर रही है।

आज नारीवादी संगठन या आंदोलन की एक सीमा यह भी है कि न सिर्फ इसका संचालन, अधिकांशतः संभ्रांत या शिक्षा, साहित्य, समाज, व्यवसाय आदि की अग्रणी महिलाएँ कर रही हैं, बल्कि वह ज्यादातर उनका ही होकर रह गया है, जबकि इस आंदोलन की सही आवश्यकता असंख्य ग्रामीण, कस्बाई और शहरों में भी घर-घर घुटती स्त्रियों को है। वे अब भी सदियों पुरानी अवस्था में जी रही हैं। किसी आंदोलन का संचालन तो निश्चय ही प्रबुद्ध, जागरूक और किसी हद तक ऐसे लोग करते हैं, जिनके पास इसके लिए अवसर और अवकाश है, लेकिन जब तक उसके प्रसार का क्षेत्र बहुत व्यापक नहीं होता तब तक इसका लाभ उन्हें नहीं मिलता जिन्हें वास्तव में मिलना चाहिए। जैसे साहित्य केवल साहित्यकारों के बीच पढ़ने या बहस करने की चीज़ नहीं है, व्यापक पाठक तक पहुँचने पर ही उसकी सार्थकता है, इसी तरह नारीवादी आंदोलन तमाम उपेक्षित, शोषित, बंधित महिलाओं तक पहुँचने पर ही सार्थक होगा और तभी शायद कृत्रिम संभ्रांतता के जाल से मुक्त हो कर पहचान सकेगा कि स्त्री की स्वाधीनता और समानता, उसके अधिकार और कर्तव्य, उसकी ममता और विद्रोह को कौन-सी दृष्टि और दिशा दी जानी चाहिए।

[नवंबर 1997]

5

जय हे जन !

आस-पड़ोस के विपरीत उदाहरणों और स्वयं के भी अत्यंत कटु अनुभवों के बावजूद भारत में पिछले पचास वर्षों से प्रजातंत्र चल रहा है। यह चमत्कार नहीं है और न ही इसका श्रेय नेताओं या रात-दिन प्रजातंत्र पर बहसियाते लोगों को है। यह इस देश की जनता की सामूहिक इच्छा शक्ति, ऐतिहासिक अनुभवों और उदार मानवीय संस्कारों की तार्किक परिणति है। भारत की अधिकांश जनता निरक्षर भले हो, वह अशिक्षित और अपरिपक्व नहीं है। तभी उसने मानव-सभ्यता की सर्वोच्च राजनीतिक प्रणाली की प्राणपण से रक्षा की है–असंख्य नकारात्मक उदाहरणों और स्थितियों को झेलते हुए भी। मानवीय स्वाधीनता की इस उत्कटता को देखते हुए यह सोच कर दहशत होती है कि देशी और विदेशी राजशाही के लंबे दौरों में वह किस यातना, कुंठा और प्राणायाम से गुज़री होगी ! आज़ादी के इन पचास सालों के बीच, विक्षेप की तरह बीते आपात्काल के दो सालों तक उसी तरह का मौन साधते हुए, अवसर मिलते ही उसने सामूहिक आक्रोश की जैसी परिपक्व अभिव्यक्ति की, उसकी मिसाल विश्व में मिलना दुर्लभ है। बाहर से शांत, सरल और कभी-कभी निष्क्रिय या उदासीन दिखनेवाली जनता ने तानाशाही की आकांक्षा पहचानने में जिस सामूहिक फुर्ती और चौकन्नेपन का सधा हुआ प्रमाण दिया–उससे लगता है कि उसका आंतरिक प्रशिक्षण इतिहास की हिम-शिलाओं की तरह नहीं, गल्फस्ट्रीम की तरह हुआ है। तभी उसने सायास तानाशाही और परतंत्रता की आशंका को भविष्य के गर्त में दूर तक फेंक दिया और आगामी शासकों को भी इस बहाने कड़ी चेतावनी दे दी। जाग्रत जन-विवेक का प्रमाण इसी से दिया जा सकता है कि 'बांग्ला देश-मुक्ति' से प्रसन्न होकर उसने जिस नेतृत्व को निर्द्वन्द्व सिंहासनारूढ़ किया था, उसी को निर्द्वन्द्वता की नकारात्मक परिणति में सिंहासन से उतार भी दिया। यह बात समझ लेने की ज़रूरत आज उन लोगों को सबसे ज्यादा है जिन्होंने

प्रताजंत्र का मखौल बना रखा है और भ्रष्टाचार, आपराधिकता, अराजकता और आतंक को स्वतंत्रता का पर्याय बना दिया है। भारत की जनता स्वाधीनता और स्वच्छंदता का भेद पहचानती है नैतिकता और मानवीय मूल्य उसकी कसौटियाँ हैं। निर्णय के क्षणों की प्रतीक्षा करने का धैर्य उसमें है, लेकिन इस बीच न तो उसका सोच स्थगित रहता है, न उसकी स्मृतियाँ लुप्त होती हैं (जैसा कि भ्रम वश मान लिया गया है।) इसलिए यह अनुमान लगा लेना चाहिए कि इस वक्त वह क्या सोच रही है !

दुनिया भर को हैरत है कि दरिद्र और निरक्षर जनता का यह बहुमत राजनीतिक दृष्टि से इतना परिपक्व कैसे है ? वैसे तो मूल में ही यह प्रश्न गलत है, क्योंकि राजनीतिक अभिव्यक्ति तो आनुषंगिक है, वहाँ उसके व्यक्तित्व की एक झलक भर दिखाई देती है। दरअसल तो यह जनता संवेदन, समझ और अनुभव के स्तर पर परिपक्व है। उसके अंतर्जगत् का निर्माण अत्यंत दृढ़ पीठिका पर हुआ है। और यह पीठिका है इस देश की प्रकृति, साहित्य, कला, दर्शन और उदार जीवन प्रणाली। इसलिए 'स्वाधीनता की स्वर्ण जयंती' पर अगर किसी का अभिनंदन होना चाहिए तो इस देश की आम जनता का। वही प्रजातंत्र की 'प्रजा' है। और जब भी कभी स्वाधीनता का सही इतिहास लिखा जाएगा तो वह राजनीति, अर्थतंत्र, नौकरशाही, कानून, संचार या धर्म का नहीं, जनता का इतिहास होगा। और तभी वह सच्चा भी होगा।

आज हमारा प्रजातंत्र जिस चहुँमुखी सड़ाँध में साँस ले रहा है, वह हमारे सोच को यदि इतना नकारात्मक बना दे कि हम प्रजातंत्र को ही खारिज कर देना चाहें, या उसका विकल्प खोजने की बात करें तो वह एक तरह से अस्वाभाविक भी नहीं दिखेगा। लेकिन तब हमें भारत की अंतश्चेतना, संकल्प और जनता की शक्ति से भी इंकार करना होगा—और शायद अपनी तमाम ऐतिहासिक और सांस्कृतिक दीक्षा से भी। यह औंधे मुँह इतिहास की ओर यात्रा होगी। तटस्थ मूल्यांकन का यह तरीका नहीं है कि हम आज की विसंगतियों और विकृतियों को आधार मानकर विगत अर्द्धशती की जाँच-परख करें। लंबी कालावधि की जाँच के लिए सबसे पहले हमें उपस्थित काल को ही बेधना होता है और इतिहास के साथ यात्रा करनी होती है। तभी हम कार्य-कारण का सही संबंध स्थापित कर सकते हैं और गुण-दोषों को पहचान कर मार्ग निकाल सकते हैं। अगर हमें 'निषेध' का 'निषेध' भी करना है तो इसलिए कि कोई 'विधि' रची जा सके। जैसे ऋण का ऋण से गुणा करने पर 'धन' बनता है। इस मूल्यांकन के अनेक आयाम और शैलियाँ हो सकती हैं। मूल बात है मनुष्य के पक्ष में सोचना, खासकर उस मनुष्य के पक्ष में जो अभी आनेवाला है।

इतिहास के क्रम से चलें तो हम देखते हैं कि आज़ादी के क्षणों में भारत

की जनता से एक ग़लती हो गई—जिसके बारे में सोचते हुए याद आ जाती है अंग्रेजी नाटकों की ट्रैजडी, जो सिर्फ खलनायकों की वज़ह से नहीं होती बल्कि अक्सर नायक की किसी अनजान मगर गहरी भूल से घटित होती है। खलनायक तो उसका फायदा उठाते हैं। हुआ यह कि भारत की जनता ने स्वतंत्रता-संग्राम के बाद उपलब्धि की 'थकान' में, संघर्ष के साथियों को पूरे विश्वास और परम निर्भरता से देश की बागडोर सौंप दी। यों तो यह ठीक ही हुआ था और नेतृत्व की पहली खेप ने जनविश्वास की भरसक रक्षा भी की। परंतु गलती यह हो गई कि जनता के हाथ में चाबुक की क्या कहें, चुस्त लगाम तक नहीं दी गई और उसने भी शायद इसकी ज़रूरत नहीं समझी। जबकि यह जरूरी था क्योंकि अक्सर सत्ता पर आदमी नहीं बैठता, सत्ता ही उस पर बैठती है और अपने चरित्र के अनुरूप उसका संचालन करती है। सत्ता का चरित्र होता है निरंकुशता और अहंकार जो बाद में अनेक विकृतियों का रूप ले लेता है। इस पर नियंत्रण रखने के लिए जनतंत्र में हमेशा जनता के हाथ में चाबुक भी होना चाहिए और लगाम भी। तानाशाही और प्रजातंत्र का यह मुख्य विभेदक तत्त्व है। जनता के हाथ में जो पाँचसाला लगाम दी गई वह ऐसी थी कि घोड़ा पाँच किलोमीटर दौड़ता चला जाए और उसे पता ही न चले कि उसके जबड़े में कोई लगाम है। बेशक इस बीच वह लगाम चबाकर फेंक भी सकता है। ज़रूरी नहीं है कि चाबुक या लगाम काम ही आए, लेकिन इससे घोड़ा ऊल-जलूल रास्ते पर दौड़ने से डरता है। ऐसा नहीं हो सका। परिणामस्वरूप सत्ता ने बेढंगे रास्तों पर दौड़ना शुरू कर दिया। आज हम जो कुछ देख रहे हैं, उसका जन्म आज ही नहीं हुआ है, वह एक विसंगत नाटक का क्लाइमेक्स है (संभव है वह भी न हो, अभी और भी चरम सीमा आनेवाली हो !) इस समय अगर हम अपने ऐतिहासिक अनुभव से कुछ सीख सकते हैं तो यही कि इस त्रुटि का परिमार्जन होना चाहिए। शक्ति-केन्द्र और परिणतियों की जगह भूमि में भी अलग-अलग होती है। वह यहाँ भी है, लेकिन हो यह रहा है कि भूचाल का केन्द्र सत्ता में है, और भूचाल की तबाही जनता में। होना यह चाहिए कि यह केन्द्र जनता में हो और इसका प्रभाव क्षेत्र सत्ता हो। दूसरी दुर्घटना भारतीय जनता की क्षमाशीलता के कारण हुई। 'भविष्य में सुधर जाएँगे' की मृग-तृष्णा में जनता हमेशा क्षमा दान देती रही। पहले वह शिक्षा या दण्ड देती, फिर चाहे क्षमा कर देती, लेकिन वह क्षमा ही क्षमा देती रही। इससे राजनीति के भीतर जनता के बारे में अज़ीबोग़रीब दर्शन ने जन्म लिया और राजनीति कर्मी समझ बैठे कि जनता मूर्ख या भोली है और उसकी स्मृति बहुत अल्पकालीन है। नतीजे में चुनाव के समय फुसलाने, बहकाने और डराने को उसने 'राजनीति-दर्शन' के रूप में विकसित कर लिया। इस बीच बुद्धिजीवी वर्ग की भी कोई बहुत सकारात्मक भूमिका नहीं रही, फिर भी जो रही

उसके प्रति राजनीति जीवियों ने धीरे-धीरे उपेक्षा का रवैया अपनाया। क्योंकि वे जानते थे कि उन्हें सत्ता पर बिठानेवालों में बहुसंख्यक ऐसे हैं जो चित्र-लिपि (चुनाव-चिन्ह) तक नहीं समझते, तो अखबारों में उनके बारे में जो छपता है, या जो राजनैतिक और सामाजिक विचार प्रकट होते हैं, उन्हें पढ़ने-समझने का तो कोई प्रश्न ही नहीं है। इसलिए राजनीतिकर्मी धीरे-धीरे शब्दों के प्रति संवेदनहीन होते-होते स्वयं भी अपढ़ हो गए। सामान्यतः इनकी अंदरूनी दिलचस्पियाँ रहीं–जनता निरक्षर रहे, वह गरीब भी बनी रहे, वह खंड-खंड में बँटी रहे। विचार जब संकीर्ण और स्वार्थ केन्द्रित होते हैं, तो वे 'विचार' भी नहीं रहते। नतीजे में धीरे-धीरे राजनीति दिशाहीन, सोच-विचार और उत्तरदायित्व से रहित तथा संवेदनहीन होती गई, जबकि इस तरीके से मिलनेवाली सफलता पर आत्म-मुग्ध राजनीतिकर्मियों से एक ही गलती हुई कि उन्होंने जन-सामान्य की छठी इन्द्रिय को नहीं पहचाना। खैर, जनता जब तक इन हथकंडों को पहचानती तब तक बहुत देर हो चुकी थी। आठवें, नवें और दसवें दशक में सत्ता को निरंतर त्रिशंकु की हालत में रखकर जनता ने अपनी शक्ति ही नहीं, इस सोच को भी प्रकट किया कि सत्ता का स्थायित्व और उसकी निश्चिंतता प्रजातंत्र के लिए घातक है। परंतु सत्तालोभियों ने इस स्थिति से निपटने के लिए जिन तरीकों और औजारों का इस्तेमाल किया वे और घिनौने थे। सत्ता पाने के लिए धन-संग्रह और सत्ता की अनिश्चितता के भय से, भविष्य की सुरक्षा के लिए, व्यक्तिगत धन-संचय (अपवाद हर जगह हैं) का ऐसा कुचक्र चल पड़ा कि देश सेवा, लोक सेवा, प्रगति-योजनाएँ और जनतंत्र के उद्देश्य सब ताक में बैठे आज टुकुर-टुकुर देख रहे हैं–बाढ़ में फँसे बेसहारा लोगों की तरह–आसमान की तरफ।

सत्ता-संघर्ष ने सत्ता-षड्यंत्र का रूप ले लिया। चंद राजनेताओं के बीच शतरंज और रस्साकशी ही राजनीति हो गई। सत्ता पर जनता की प्रत्यक्ष पकड़ ढीली होने से शक्ति-गुटों, माफिया-तंत्रों और दुनिया भर की भ्रष्टताओं का दबाव बढ़ता गया। स्वार्थ के अनेक घेरे मुर्गाबाड़ी की तरह बनते चले गए। (और बनते ही जा रहे हैं)–क्योंकि राजनीति में एक खतरनाक दर्शन जन्म ले चुका है कि संकीर्ण हुए बिना न तो सत्ता पाई जा सकती है न उस पर काबिज रहा जा सकता है। प्रांत, क्षेत्र, जाति, वर्ग, संप्रदाय, भाषा और यहाँ तक कि कुनबावाद जैसे संकीर्ण घेरों से देश खंड-खंड होता गया; इसी के बरक्स समाज की समस्याएँ दिन पर दिन अधिक भयावह होती गईं। गरीबी, महँगाई, बीमारी, स्वार्थ, छल-कपट अशिक्षा, शोषण आदि बढ़ते चले गए। और दुर्भाग्यवश यह जहर समाज में भी फैलता चला गया, जिसने आदमी को नितांत आत्मकेन्द्रित और स्वार्थी बनने को बाध्य कर दिया। सामाजिक निर्भयता न जाने कहाँ गायब हो गयी। हजारों लोगों के बीच कोई भी गुंडा किसी को कत्ल करके आराम से

टहलता हुआ निकल जाए या बच्चों को माँ के दूध की गुहार करने सड़क पर उतरना पड़े तो इसे स्थिति की इंतहा ही समझिए। अब तो 'राजनीति' को समय के केन्द्र से हटाकर 'अर्थ' समय के केन्द्र में आ गया है और तथाकथित 'विश्वग्राम' के चतुर चितेरे क्या कमाल कर रहे हैं यह किसी से छिपा नहीं है।

इस बीच जन-चेतना और जन-संवेदन के जिन प्रशिक्षण केन्द्रों से हम सामाजिक न्याय और प्रेरणा की उम्मीद करते थे वे भी जनता से कटे-कटे अपने सुविधा केन्द्र खोज रहे हैं; वे भी जो दस पंक्तियों में बीस बार जन-चेतना, जन-जागरण वगैरह का नाम लेते हैं। प्रेम करने की इच्छा ही काफी नहीं होती यह भी आना चाहिए कि प्रेम किया कैसे जाता है ? आप में नदी पार करने की इच्छा हो और आप पुल तोड़ते जाएँ, या नए पुल न बनाएँ तो आपकी इच्छा दिवा-स्वप्न बनकर रह जाती है। फिलहाल विस्तार में नहीं जाऊँगा सिर्फ इतना कि राजनीति और सत्ता का चरित्र भले ही 'विखंडन' मूलक हो; लेकिन विचारकों, कलाकारों और साहित्यकारों को तो समाज की बागडोर मजबूती से थामनी है। इसलिए स्वयं खंड-खंड होने से बचना है। भला बताइए कि विचार और साहित्य के पास छिनने और छीनने लायक क्या है ? उसे तो सिर्फ देना ही देना है। मूल्यांकन तो पाठक और गुणी समाज को करना है। फिर बिलावज़ह इतने कठघरे, इतनी संकीर्णता, इतनी गिरोहबाजी, इतने परहेज क्यों ? क्या इससे हम अपनी भाषा के बहुत से श्रेष्ठ, संवेदनशील, मार्मिक साहित्य और विचार से जनता को दूर नहीं करते हैं ? विचारों की भिन्नता, शिल्प की भिन्नता, वस्तु की भिन्नता के बावजूद क्या लोक-हित से भिन्न कोई उद्देश्य मानवीय चिंतन और साहित्य का हो सकता है ?

प्रजातंत्र की इस स्वर्ण जयंती के अवसर पर सच्चा जन-अभिनंदन कैसे हो यह उस परंपरा के वर्तमान प्रतिनिधियों को सोचना है, जिसने जन को इतना सक्षम बनाया है कि आज वह अगली अर्द्धशती या शतियों को स्वतंत्र भारत सौंप रहा है और लगातार चिंतित है आज़ादी और सही आज़ादी के लिए–यानी ऐसी आज़ादी के लिए जो किताबों या कुर्सियों से निकल कर जनता में पहुँचे, उसकी समानता, सौहार्द्र, संपन्नता और सार्थकता में।

[अगस्त 1997]

6

गांधी : श्रद्धा या श्राद्ध

अहिंसा के दर्शन की संभवतः सबसे बड़ी जोखिम यह है कि वह अपनी परकाष्ठा में कायरता बन सकता है, लेकिन क्या उसका विकल्प 'हिंसा' का दर्शन है, जिसका परिणाम आज दुनिया भयावह आतंक, क्रूरता और हत्याओं में देख रही है। अहिंसा का दर्शन तो किसी सीमा तक हिंसा पर नियंत्रण करने का साहस भी दे सकता है परंतु हिंसा का दर्शन हिंसा नियंत्रित नहीं कर सकता, क्योंकि वही उसका स्रोत है। गांधी ने अपने असहयोग आंदोलन में हिंसा के लक्षण प्रकट होते ही, तात्कालिक अपयश और जनता के क्रोध का लक्ष्य बनते हुए भी उसे वापस ले लिया था। यह पागल हाथी को वश में करने की तरह था, जो अहिंसा में उनकी गहरी आस्था से ही संभव हुआ था। इससे नेतृत्व की शक्ति भी प्रकट हुई थी और 'अहिंसा' की भी। सामाजिक या सामूहिक 'दर्शन' की दो विशेषताएँ हो सकती हैं–एक तो यह कि उसमें अति को नियंत्रित करने की संभावना हो और दूसरी यह कि उसकी प्रतिक्रिया को दृष्टि देना संभव हो। जिस विचार में पचीसों अपवाद हों और जिसके अतिवाद को थामा न जा सके वह व्यक्तिगत रूप में चाहे जितना सही और मानवीय हो, सामूहिक रूप में कभी भी मानवता का विनाश कर सकता है। भारत में कभी हिंसा की अंतिम वर्जना नहीं की गई परंतु उसने 'हिंसा' को 'दर्शन' की हैसियत नहीं दी। अनिवार्यता और अपवाद के रूप में हिंसा की स्वीकृति 'अहिंसा' को दृष्टि देती है और हिंसा के अंधेपन को नियंत्रित करती है। इसके अभाव में जो कुछ हो सकता है उसे हम रोज़ भोग रहे हैं। सब्जी खरीदते, बच्चों के लिए खिलौने लेते, ठेला चलाते, फुर्सत के क्षणों में गपियाते, रेलगाड़ियों, बसों में यात्रा करते निर्दोष लोग पल भर में छितरे-छितरे कर दिए जाते हैं–किस तरह के सोच और प्रवृत्ति के चलते ?

गांधी भी दुनिया को बदलना चाहते थे। विषमता, अन्याय, असत्य, पाखंड मानवीय अपमान, भ्रष्टाचार उनकी आँखों में बेहद गड़ता था। वे इसे मनुष्य के

मन से ख़त्म करना चाहते थे, उसका चरित्र बदलकर आंतरिक बाध्यता बनाकर, उसके भीतर की ज़मीन को नम करते हुए उसे 'मानवीय' बनाना चाहते थे। उनके विचार में इसी माध्यम से आया बदलाव स्थायी और विश्वसनीय हो सकता है। ठीक है कि यह जटिल और धीमी क्रिया है। आयुर्वेद के इलाज़ की तरह। इसकी बुनियाद में गांधी जैसा तप और निष्ठा चाहिए। खूँखार भेड़ियों के बीच धंस जानेवाला आत्मबल और आत्मोत्सर्ग चाहिए—यह कितनों के पास है ! जो गांधी की सीढ़ी से सत्ता के शिखर पर पहुँचे, सबसे पहले तो उन्होंने ही गिराई यह सीढ़ी। जिस तरह मार्क्सवाद या दुनिया के अन्य विचारों का विकास हुआ, उनमें विकसित दृष्टि और भंगिमाएँ आईं—वैसा गांधी दर्शन के साथ नहीं हुआ। जहाँ वह तब था, वहीं उसे ठहराकर उसका पक्ष लिया गया या उससे इन्कार किया गया। देसी धरती से उपजे इस बीज़ को इस तरह हमने पक्ष में या विपक्ष में रहते हुए दोनों तरह से नष्ट किया। जबकि भारत की दृष्टि हमेशा खंडन-मंडन के द्वारा विचारों के विकास, संशोधन, परिवर्द्धन, नवीन स्थापना की रही है—इसे हमने गांधी दर्शन के संबंध में एक तरह से भुला दिया। ग्लोबल विलेज जैसी कृत्रिम, पाखंडपूर्ण अवधारणा को दोहराते हुए क्या हमने पलभर को सोचा कि 'ग्लोबल विलेज' में गांधी का 'विलेज' ही गायब है और यह शब्द दुनिया को ग्रामहीन बना देने के औद्योगिक साम्राज्यवाद का एक नकाबपोश सोच है।

गांधी आत्म-दर्शन, आत्म-विश्लेषण और आंतरिक परिशुद्धि पर बल देते थे। परंतु इसे हमने दूसरों पर आरोप लगाने और पर-दोष-दर्शन में बदल दिया, मानो अपने को सही सिद्ध करने की वही अचूक पद्धति हो। हम अत्याचारियों, बलात्कारियों और मानव बम बनने के लिए उकसानेवालों को धिक्कारते हैं; यह तो ठीक है, परंतु इसके बीज हममें कहाँ, कितने गहरे हैं, इसे जाँचने की कोई कोशिश हमारी शायद कभी रही नहीं। व्यापारी नकली माल बेचता है, डॉक्टर आपरेशन करते हुए रोगी के पेट में कैंची छोड़ देता है, वकील हत्यारे की पैरवी करता है, क्लर्क फाइलों में घपले करता है, अध्यापक कक्षा में सोता है और नेता, अफसर क्या-क्या नहीं करते ! यानी हर वर्ग अपने-अपने स्तर पर पाखंड, झूठ लूट, भ्रष्टाचार में लगा है। इस तरह छोटी-मोटी हत्याएँ, हिंसाएँ हम सब करते हैं (परंतु वह हमको दिखाई नहीं देतीं—हर एक को दूसरा ही यह करते हुए दिखाई देता है) और इस बात से बेपरवाह हैं कि प्रत्यक्ष हत्याएँ, लूट, षड्यंत्र हमारे इन्हीं सब परोक्ष कामों की समष्टि है। बड़ा विस्फोट या दुर्घटना कई गुह्य और अदृश्य विस्फोटों से जन्म लेती है। गांधी इसीलिए आरोप की संस्कृति नहीं, आत्म मंथन और आत्म परिशुद्धि की संस्कृति विकसित करना चाहते थे।

गांधी ऐसे प्रयोग का नाम है—जिसकी सत्यता को दुनिया की प्रयोगशाला में सबने देखा। परंतु उसके बाहर निकलकर उसे सार्वजनिक जीवन में, व्यवहार

में नहीं ढाला गया। शायद अगली पीढ़ियाँ गांधी का नाम लेने पर पूछेंगी–कौन गांधी ? गांधी प्रथम, द्वितीय या⋯जैसे जार्ज पंचम⋯ षष्ठ वगैरह ! हमने अपने सामने विदेशी मॉडल रखे और उन्हीं में खड़े होकर गांधी को गलियाते रहे। हमने विद्रोह और क्रांति के बहुत गीत गाए पर क्या यह जाना या बताया कि अधिकार और कर्तव्य दाएँ और बाएँ हाथ की तरह होते हैं। क्या हमने सारे शोर-शराबे के बीच एक बार भी यह कहने की ज़हमत उठाई कि देश का निर्माण अखूट श्रम, चरम आत्मोत्सर्ग और अपरिमित निष्ठा से होता है। काहिली और अकर्म को हमने युद्धास्त्र बना डाला ! राष्ट्र को ऐसे नहीं ढाला गया कि उसकी प्रतिभा, ऊर्जा और कर्मण्यता का उत्सर्जन विधायक कामों में हो। जब इस तरह नहीं होता तो यह षड्यंत्र, हत्या, बलात्कार, घृणा और तमाम ऊल-जलूल किस्म के कामों में होता है। कर्म में तन्मयता, तन्मयता में अध्यात्म, अध्यात्म में उदारता और उदारता में मानवीय संवेदना की जो प्रतिष्ठा गांधी ने की थी–वह हमारे कुछ काम ही आती–अगर्चे हम उसे अपनाते।

गांधी ने इस हरी-भरी धरती–वसुंधरा–के अनुरूप, भारतीय स्वभाव और चरित्र के अनुरूप जिस ग्राम स्वराज्य, आत्म निर्भरता, सेवा और सहयोग की भावना का दर्शन दिया था, उसे कूड़े में फेंक कर या तथाकथित विश्व अर्थशास्त्र के हवाले करके, हमने अपनी अखूट भू-संपदा, लोक संपदा और विचार संपदा को भूलने का नित्य उपक्रम किया है, वह उस स्वाधीनता का ही परोक्ष निषेध है जो किसी देश का व्यक्तित्व रचती और उसे विश्व में प्रतिष्ठित करती है। 'हिंद स्वराज' में गांधी ने जो दर्शन दिया था–उसकी मूल अवधारणा 'सर्वतोमुखी स्वराज' की थी। पता नहीं क्यों हम वहाँ तो नहीं पहुँचे, उल्टे विकृतियों की गिरफ्त में पड़कर विनाश के ज्वालामुखी पर चढ़ बैठे।

एक सौ पच्चीस वर्ष पहले गांधी हमारे बीच आए थे, वे बीसवीं सदी की सबसे बड़ी घटना थे। उन्हें गए भी अब 47 वर्ष हो गए। अब तक हम उनके प्रति श्रद्धा को श्राद्ध में तब्दील कर चुके हैं, ताकि दिवंगत हमारी ज़िंदगी में दखल देने दुबारा न आ टपके। प्रसिद्ध लेखक डॉ. रघुवंश ने कहीं लिखा था कि 'हमें एक नहीं अनेक गांधी चाहिए,' पर जो एक गांधी हमारे पास था–उसे भी क्या हम बचा पाए ? अपने कर्म में, सृजन में, अवधारणाओं में ?

[अक्टूबर 1995]

7

पैंसठवीं कला

संसार भाँति-भाँति के कलाकारों से भरा पड़ा है, लेकिन कुछ लोगों को एक विशेष कला सिद्ध है–'बोंसाईकरण कला'। समाज, राजनीति, साहित्य, विज्ञान–अर्थात् जहाँ, जिस क्षेत्र में कोई बड़ा काम करता दिख भर जाए; उसे यथाशक्ति घसीटते हुए, उसकी तमाम शाखा-प्रशाखाएँ कतरकर अपने बौने कद तक ले आना इनका काम है। इनकी दृष्टि साधारण कलाकारों की तरह सिर्फ पौध पर नहीं रहती, बल्कि उन वृक्षों पर भी होती है जो 'इनके बावजूद' आकाश की ऊँचाई और विस्तार पाने में समर्थ हो चुके हैं। इस कला का जिक्र चौंसठ कलाओं में नहीं हुआ, लिहाज़ा इसे पैंसठवीं कला कहना होगा।

भारत की प्रतिभाएँ जो अंतरराष्ट्रीय हवाई अड्डे पर कतार बाँधे, हर समय खड़ी रहती हैं, उनसे अगर पूछा जाए कि 'इस गरीब देश ने अपने खून-पसीने की कमाई का लाखों-करोड़ों रुपया तुम्हारी शिक्षा पर खर्च किया है, और तुम हो कि निर्यातातुर माल की तरह यहाँ डटे हो,' तो वे भयाक्रांत से इन्हीं कलाकारों की ओर इशारा करते पाए जाएँगे।

ऐसा नहीं है कि बड़े लोगों ने आजकल भारतभूमि में जन्म लेना ही बंद कर दिया हो। अगर ऐसा होता तो बड़े काम जहाँ-तहाँ क्यों दिखाई पड़ते, अगर उन्हें करनेवाले नहीं दिखते तो इसलिए कि काँटछाँट कर ड्राइंग रूम की सजावट में बदल दिए गए हैं, वे दूसरों की शोभा और गर्व का साधन बन गए हैं–पत्रकारिता, राजनीति, विज्ञान, उद्योग–यानी हर कहीं आप यह दृश्य देख सकते हैं; और जो सजावट का माल बनने से इंकार करते हैं उन्हें उपेक्षा की तलछट में डाल दिया जाता है।

बड़ा काम करनेवाले को बड़ा कहना पहले जन-समाज अपना कर्तव्य समझता था, क्योंकि वह उनमें अपना अक्स देखता था, उनकी प्रेरणा से अपने आदर्श और लक्ष्य तय करता था। महात्मा, महामना, लोकमान्य, नेताजी, लौह

पुरुष, राजर्षि, सरकारी पदवियाँ नहीं थीं—जनता द्वारा दिया गया सम्मान था। संभव है तब बोंसाई कला का आविष्कार न हुआ हो, या वह अपने शैशव में हो। परंतु अब मोर्चा इसके धाकड़ कलाकारों ने सम्हाल लिया है। साम्राज्यवादी मीडिया इनका परम गुरु है, जो आए दिन नए-नए करिश्मे करता रहता है। एक उदाहरण तो हाल ही का है। देखते-देखते उसने डायना को देवी बना डाला तो दूसरी ओर संयोग से उसी समय गुज़रीं मदर टैरेसा को उसके समतुल्य कर दिया। कमाल है, कल तक जो मीडिया उसके रोमांस और रंगीनियों के चटखारे लेता था, वह मरते ही 'विश्व प्रियतमा' की छवि से मंडित कर दी गई और उस पर मुहर लगाने के लिए ऐसी हस्ती की मृत्यु का लाभ उठा लिया, जिसका पूरा जीवन अथक सेवा और करुणा की मिसाल था। लोगों की आँखें चौंधिया गईं, खासकर नई पीढ़ी की। वह किसे बड़ा माने, किसके आदर्शों पर चले ? फिलहाल तो इतना भर हुआ है कि दो-चार लोग डायना की मृत्यु से दुखी होकर दुनिया से ही चल दिए और एक लड़की ने तो आत्महत्या इसलिए कर ली कि गरीब माँ-बाप उसकी 'डायना स्कर्ट' खरीदने की माँग पूरी न कर सके। मदर टैरेसा की मृत्यु का संताप एक संकल्प को जन्म देता है और डायना की मृत्यु का यह प्रायोजित दुःख आवेगों से प्राण लेता है। किसी व्यक्ति को ऊपर उठाने के लिए समतुल्यता का शिल्प रचते हुए क्या इस आक्रामक माध्यम ने पल भर को भी यह सोचा होगा कि वह मनुष्यता के लिए कौन-सा खेल रच रहा है ? कितना भ्रांत, कितना संक्रामक, कितना आवेगशील ! खैर, यह भी बोंसाईकरण की एक प्रविधि है, जिसमें पश्चिमी कीमियागिरी की कोई सानी नहीं।

लगता है भारत की आज़ादी, उसके नैतिक मूल्य, उसकी सांस्कृतिक और मानवीय धरोहर साम्राज्यवादी आकांक्षा से लैस पश्चिम की आँखों में गड़ रही है; वह बौद्धिक, आर्थिक, वैज्ञानिक शिकंजों में इसे कसने को बेताब है। (और इसमें भी शक नहीं कि हमारा बोंसाई नेतृत्व उसके आगे समर्पण की मुद्रा में है। आखिर डायना-टैरेसा प्रसंग में हमारे मीडिया ने भी तो वही सब किया है।) क्रमशः भारत के प्रतिमानों को ध्वस्त करने और बौना बनाने की साजिशें की जा रही हैं। पिछले दिनों अंग्रेजी में एक पुस्तक आई थी, जिसमें परमहंस रामकृष्ण और स्वामी विवेकानन्द के संबंधों को लेकर इतना घृणित चारित्रिक लांछन लगाया गया है, जिसका एक शब्द भी दोहराना कीचड़ को प्रमाणित करने के लिए कीचड़ में हाथ सानना है। बीसवीं शती की इन विभूतियों के माध्यम से भारत की अध्यात्म-गरिमा को दूषित करने के इस प्रयत्न के पीछे कौन-सी दृष्टि और मानसिकता रही होगी ? इतिहास में पैठ कर व्यवस्था, विचार, व्यक्ति आदि की कटुतम आलोचना; यदि सत्य को जानने, उससे नई जीवन-दृष्टि पाने, इतिहास को गलत समझने की त्रासदी से लोगों को मुक्त करने आदि के लिए

की जाती है तो यह इतिहास की पुनर्यात्रा या पुनर्मूल्यन का एक सार्थक पथ होता है। लेकिन वहाँ घुस कर, चुन-चुन कर किसी देश के आस्था-केन्द्रों को ध्वस्त करने के बहाने उस देश को हीनता-बोध और आत्म-घृणा से भरकर अपना निहित स्वार्थ साधने की प्रवृत्ति बौद्धिक संपदा का ऐसा दुरुपयोग है जो समूची मानवता के प्रति अक्षम्य अपराध की कोटि में आता है।

एक और साहब हैं पैट्रिक फ्रेंच। उनकी अभी-अभी एक पुस्तक आई है 'लिबर्टी ऑर डेथ' (आज़ादी या मौत) भारतीय स्वाधीनता की स्वर्ण जयंती पर पश्चिमी साम्राज्यवादी प्रवृत्ति द्वारा दिया गया यह एक तोहफा है। इसमें भी तुलना की वही प्रविधि और मानसिकता है, जिसका उल्लेख ऊपर किया जा चुका है। गांधी और जिन्ना की तुलना पुस्तक का कथ्य प्रतीत होता है, परंतु मूलतः वह भारत की सोच, जीवन-प्रक्रिया, मूल्य, संघर्ष और अवदान को निरर्थक सिद्ध करने की बौद्धिक और तार्किक साजिश का उत्पादन है। पैट्रिक की तराजू के एक पल्ले में वस्तु की जगह गांधी और दूसरे पल्ले में बाट की जगह जिन्ना हैं, जो अपनी वेशभूषा, तौर-तरीकों, कानूनी तार्किकता और उपनिवेशवादी आकांक्षाओं की पूर्ति जैसे दिखाई पड़ने के कारण पश्चिम को अपने निकट लगते हैं। शायद इसीलिए गांधी पर आक्रमण करने के लिए उनका सहारा लिया गया है और इस बहाने भारतीय स्वाधीनता के प्रति खीझ और कुंठा व्यक्त की गई है। गांधी की आलोचना में जिन्ना को यह कहते उद्धृत करना शायद सतही कानूनी दलील की एक मिसाल हो सकती है कि 'गांधी तीसरे दर्जे में अपने अनुयायियों के साथ यात्रा करते हैं, उससे कम खर्च मेरी प्रथम श्रेणी यात्रा में आता है क्योंकि मुझे सिर्फ एक टिकट खरीदना होता है।' यह तो वही बात हुई जैसे कोई कहे कि 'आप दस लोगों के साथ बैठकर भात खाते हैं, उससे तो मेरा पाँच सितारा में बैठकर खाने में कम खर्च आता है, क्योंकि वहाँ सिर्फ मुझे खाना होता है।' जिन्ना, जैसा कि लेखक ने कहा भी है कि सामाजिक भद्र (सोशल एलिटिस्ट) थे और 'मिट्टी की छुअन से अपने हाथ पाक-साफ' रखना चाहते थे, तो फिर उनसे अर्द्धनग्न, झोपड़पट्टी में बैठने और खानेवाले गांधी की तुलना कैसे की जा सकती है ? मगर की गई है और बाकायदा पक्षपात के साथ। तमाम युक्तियों, उद्धरणों और संदर्भों से लेखक ने जो सिद्ध करना चाहा है उस पर भरोसा करें तो गांधी मात्र 'गुजराती बनिया' ठहरते हैं। पुस्तक एक अकल्पनीय और अछूती जानकारी देती है कि–'गांधी आज़ादी के आंदोलन में अत्यधिक निष्फल कर देनेवाली अनवरतता थे।' अगर आपको ऐतिहासिक घटनाक्रम और परिणतियों का पता न हो या आप उनसे न गुज़रे हों तो लगेगा कि गांधी के अवरोधों के बावजूद भारत को आज़ादी मिल गई (या दे दी गई !)। पैट्रिक फर्माते हैं कि 'गांधी बात तो सत्य की करते थे, लेकिन सत्य को पहचानने

में उन्हें हर वक्त परेशानी होती थी। उनका सत्य स्थिर नहीं था, अवधारणाओं के अनुसार इधर-उधर बहता रहता था और ज़्यादातर निजी सनक (Whim) से संचालित होता था। यही 'सत्य' राजनैतिक समझौते का कारण बनता था, जबकि उससे शायद ही कोई सहमत होता था।' आश्चर्य है कि इतने चतुर अंग्रेज शासक और गांधी के प्रबुद्ध सहकर्मी 'असहमत' होने पर भी, उस 'सत्य' से समझौता कर लेते थे ! सत्य को लेकर बहुत बहसें हुई हैं, उन्हें यहाँ दुहराना नहीं चाहूँगा, लेकिन इतना कहना आवश्यक है कि लौकिक 'सत्य' कोई स्पष्ट, दो टूक, जड़ प्रत्यय नहीं है। जब विज्ञान में भी एक सत्य को निरस्त करता कोई अगला सत्य स्थापित किया जाता रहा है तो मानव जीवन से संबंधित सत्य अविचल कैसे रह सकता है ? दिनकर के शब्दों में कहें तो 'सत्य जानना हो तो पहले अपनी शिखा कटाओ।' आपकी 'शिखा' भी बची रहे और आप सत्य को भी जान लें, इस दोहरी चाल से 'सत्य' नहीं जाना जा सकता।

लेखक शायद इतने व्यापक जन-अनुसरण और जनान्दोलन के नेतृत्व की शक्ति को पहचानने का आदी नहीं है। वह संभवतः नेतृत्व की जनोन्मुखी परिभाषा से भी परिचित नहीं है, इसीलिए लोकानुसरण को चापलूसी की संज्ञा देते है। एक पाश्चात्य लेखक का इस बात पर विस्मित होना स्वाभाविक है कि गांधी विचारधारा के प्रतिपादन की बजाय मानसिकता या मन की शुद्धि पर जोर देत थे ! यह सब उसे, अंग्रेज शासकों की भाँति भ्रामक पद्धतियाँ लगती हैं। फिर भी मनःशुद्धि, धुँधले विचार, तोड़-मरोड़ करने और भ्रामक पद्धतियाँ अपनाने वाला व्यक्ति अंग्रेजों को इतना चतुर, चालाक क्यों दिखता था–'जैसे गाड़ी भर बंदर।' दरअसल भौतिकवादी, साफ-चुस्त, श्रूड और स्वार्थग्रस्त लोगों द्वारा भारत को और भारतीय नेतृत्व को इस अर्थ में समझना वैसा ही है जैसे पहले तो 'कुत्ते को बिल्ली समझा जाए और फिर कहा जाए कि वह खराब बिल्ली है।' 'अंतरात्मा' को लेकर भी अंग्रेज शासक काफी परेशान रहे हैं। उन्हें शायद यह पता नहीं कि जननेता की 'अंतरात्मा' अकेली नहीं होती, जनता की इच्छा, आकांक्षा आदि उसकी 'अंतरात्मा' में समाहित होती है। इसीलिए जहाँ-तहाँ थोड़ी-बहुत असहमति के बावजूद गांधी की अंतरात्मा की आवाज़ भारतीय जनता तो सुन सकी, लेकिन अंग्रेज शासकों से वह अनसुनी रह गई। पैट्रिक की इच्छा थी कि गांधी की आत्म-कथा में आज़ादी के आंदोलन का इतिहास भी पढ़ने को मिलना था, जबकि वह सत्य, शाकाहार, अहिंसा के प्रयोग आदि की बात करती है। क्या उन्हें यह बताया जाए कि आत्म-कथा गांधी का आत्ममंथन और आत्म-साक्षात्कार है; आत्म-प्रदर्शन या अपने बहाने इतिहास-लेखन नहीं। अपने निजी गुणों के कारण वह संसार की श्रेष्ठ आत्म-कथाओं में है। गांधी की जो बातें अंग्रेजों की समझ में नहीं आती थीं, वही अगर करोड़ों भारतीयों की

समझ में आती थीं, तो 'युवा इतिहासकार' पैट्रिक को जाँच करनी थी कि असली गड़बड़ी कहाँ है ? लेकिन ऐसी पुस्तकें, लगता है, किसी देश या समाज को गंभीरता से समझने के लिए नहीं लिखी जातीं, बल्कि किसी निहित स्वार्थ के दबाव में लिखी जाती हैं। और कुल मिलाकर किसी देश, समाज या उसके धुरी पुरुषों का बोंसाईकरण करने के लिए। यह ठीक है कि ऐसे प्रयास क्षणजीवी होते हैं, परन्तु लोक मानस को कुछ न कुछ तो प्रदूषित करते ही हैं। इसलिए इनका धिक्कार एक अनिवार्य मानवीय दायित्व है।

[अक्टूबर 1997]

8

पर्दे उठने का मौसम !

पुरानी नौटंकियों में एक के बाद एक पर्दा उठता था, जो कभी राजमहल को बस्ती में; बस्ती को जंगल में; जंगल को जेलखाने में बदल देता था। शताब्दी के अंतिम वर्षों में जारी राष्ट्रीय नौटंकी में यही हो रहा है। एक के बाद एक उठनेवाले पर्दे न सिर्फ अचंभे में डालनेवाले दृश्यों से भरे हैं, बल्कि इस अनुमान को भी असंभव बना रहे हैं कि कितने पर्दे और उठनेवाले हैं ! यवनिका के कोने से झाँक रहा है रूप-कक्ष (ग्रीन रूम); जहाँ नीम अँधेरे में चमक रही हैं खालें, मुखौटे–हरिण के, गीदड़ के, भालू, भेड़िये और न जाने किन-किन के। तो अभिनेता एक के ऊपर दूसरी खाल और मुखौटे जमाए थे ! अब नाट्यांत में–जो शायद धारावाहिक नाटक का हिस्सा भर हो–नायक से लगाकर पीठमर्द और चोबदार तक आद्योपांत निर्वस्त्र नमस्कारी मुद्रा में खड़े हैं–इनके विकृत चेहरों और दुर्गंधित देहों से सारा प्रेक्षागृह 'वीभत्स रस' से भर उठा है ! दर्शक आहत हैं–कि आवरणों को ही सच मानकर वे इनसे लगातार तादात्म्य स्थापित करते रहे। इन्हें सौंपा था उन्होंने अपना मन, विश्वास, वर्तमान और भविष्य ! इन्हें !!

बहरहाल, हमारी भाषा इन दिनों खूब 'समृद्ध' हो रही है; आशंका है कि और भी समृद्ध होगी–बोफोर्स, हवाला, सेंट किट्स, काजेन्ट्रिक्स, जैसे विरल शब्द भाषा में घुस आए हैं। परंतु कोशकार अधिक परेशान हैं 'घोटाला' शब्द को लेकर; जो रक्षा दस्तावेज़ों की तस्करी और शेयर के साथ तो जुड़ भी जाता है, लेकिन पशु, यूरिया जैसे शब्दों के साथ इसे कैसे जोड़ें ? कैसे अर्थ समझाएँ कि पशु द्वारा घोटाला या पशु के साथ घोटाला या घोटाला ही पशुता है ! कौन-सा अर्थ प्रामाणिक होगा ? आजकल एक मुहावरा चल रहा है कि 'आदमी चारा खा गया।' अगर ऐसा है तो या तो आदमी की परिभाषा बदलनी पड़ेगी या पशु की; नहीं तो खानेवाले लोग चारे की ही परिभाषा बदल देंगे ! यूरिया तो धरती के माध्यम से पेड़-पौधों को दिया जानेवाला भोजन है। तो क्या धरती का कोई

हाथ है यूरिया घोटाले में या यूरिया ने ही धरती के साथ कोई विश्वासघाती घोटाला कर डाला है या किसी हिरण्यकश्यप ने यूरिया को प्रह्लाद समझकर उसे किसी होलिका की गोद में डालकर भस्म करने की ठान ली है ! हमें डर है कि कोशकार इसी तरह की मगज़मारी करते रहेंगे और उधर ये शब्द नए घोटालों के चलते अप्रासंगिक होते जाएँगे। कानून-प्रक्रिया सक्रिय है, लेकिन वह ऐसी मशीन है जहाँ कच्चा माल तो डाला जाता है, पर उत्पादन के सिरे पर अक्सर कुछ नजर नहीं आता। शायद देश को भस्मक रोग लग गया है !

कवि 'सुमन' ने कभी कहा था–'ज़रा मशाल जलाओ बड़ा अँधेरा है।' पर जलाएँ कैसे ? फिलहाल तो वही बात चरितार्थ दीख रही है जो प्रसादजी महाप्रलय का चित्र खींचते हुए कह गए हैं–'वरुण व्यस्त थे घनी कालिमा/स्तर-स्तर जमती पीन हुई।' जब भी जल का देवता (वरुण) अति सक्रिय हो जाता है तब कहाँ जल सकती है मशाल–पानी में ? कोशकारों को अब अर्थशास्त्र के 'द्रव' शब्द का भी प्रासंगिक अर्थ अपने कोश में शामिल करना होगा। नकद द्रव्य को अर्थशास्त्र में 'द्रव' कहते हैं। यह सारी माया ही 'द्रव' (वरुण) की है–वही तो व्यस्त है इस सृष्टि को डुबाने के अभियान में। अच्छे-अच्छों की नीयत पिघल कर बहने लगी है। उधर घुमड़ रहे हैं रह-रह कर बादल 'मल्टी नेशनल्स' के; और गरीब देशों की सरकारें एक-एक कर उससे सराबोर हो रही हैं। ऐसी हालत में तो लगता है कि अंत में 'द्रव' ही रह जाएगा सृष्टि में। द्रव ही द्रव ! न मनुष्य, न पशु-पक्षी, न पेड़-पौधे ! महाप्रलय की यही भूमिका और परिणति है।

यह मामला राजनीति और अर्थ से चलकर मानवीय, सामाजिक और वैचारिक क्षेत्र में भी प्रवेश कर चुका है। हर जगह, यहाँ तक कि सोच, कला और साहित्य के क्षेत्र में भी उपभोक्तावाद ने जड़ें जमा ली हैं। इस अंधी आँधी और काली बरसात का प्रतिरोध आज की सबसे बड़ी चुनौती है।

ढलती शती के इन पाँच वर्षों को धन्यवाद, जो परतें और मुखौटे उतार रही हैं, वरना हमें क्या पता चलता कि भीतर क्या कुछ सड़-सीझ रहा है ! इसने समाज को चौकन्ना किया है, साहित्य को सतर्क किया है और नए सिरे से मानवता के पक्ष में संघर्ष को परिभाषित करने की प्रेरणा दी है। शायद अगली शती अधिक स्वच्छ वातावरण में जन्म लेना चाहती है।

[अगस्त 1996]

9

भारतीय जनता और प्रजातंत्र

भारत, सबसे बड़े प्रजातंत्र की रक्षा, संसार के आश्चर्य की तरह कर रहा है–कथित सभ्य देशों की निगाह में निपट असभ्य देश में सभ्यता की चरम अभिव्यक्ति ! जबकि सभ्य देश स्वयं इस मामले में बार-बार लटपटाकर गिरते रहे हैं। जर्मनी, फ्रांस, इंग्लैंड, इटली, ब्रिटेन, स्पेन, पुर्तगाल जैसे विकसित देशों का इतिहास क्या है ? पिछले पचास वर्षों को ही लें तो फ्रांस इस बीच पच्चीस सरकारों की अदला-बदली में तानाशाही की बंदरबाट का जायजा ले चुका है, तो इटली पचास सरकारों की आवाजाही में। इंग्लैंड तो अब तक भी राजा-रानी का मध्यकालीन सम्मोहन त्याग नहीं पा रहा है। खैर प्रतिबंधित व्यवस्था के कई नाम हैं जो दुनिया में तरह-तरह का चेहरा लगाए हैं–राजशाही, नागरिक तानाशाही, फौजी तानाशाही, सीमित तानाशाही; इसके अलावा कॉन्संट्रेशन कैंपों, न्यायिक हत्याओं, वैचारिक प्रतिबंधों, जातीय-आर्थिक शोषण-प्रक्रियाओं और तरह-तरह के अमानवीय अधिकारों से लैस सत्ताओं में भी वह प्रतिबिंबित है। परंतु शताब्दियों की गुलामी, राजशाही और तानाशाही से भारत जैसे ही मुक्त हुआ, उसने किसी भी जंजीर को सहने से इंकार कर दिया। भारत की कथित अपढ़ जनता, जिसकी दरिद्रता के चित्रों से दुनिया के समाचार-पत्र सहानुभूति का विज्ञापन करते रहे हैं; कितनी समझदार, कितनी संपन्न है ! उसने प्रमाणित कर दिया है कि साधन-हीनता सभ्यता विहीनता का पर्याय नहीं है। भारत के तमाम आँकड़ेजीवियों और राजनीतिकर्मियों से ज्यादा परिपक्व है भारत की साधारण ग्रामीण जनता, जो हर बार उनकी जोड़-बाकी और तुर्रमखाँपने को धता बताती रही है। अपनी लंबी पराधीनता, जकड़न और शोषण के विरुद्ध उसके मन में कितना क्षोभ है और उस क्षोभ को ठीक समय पर पूरे संयम से व्यक्त करने का कितना धैर्य है–यह सिर्फ भारत की आम जनता में ही देखा जा सकता है। यह शक्ति उसे दी है उसके साहित्य, संस्कृति और दर्शन ने जो पराधीनकाल में भी उसके भीतर रक्त की तरह प्रवाहित रहा है। इसीलिए प्रत्यक्ष

पराधीनता के बावजूद उसमें पराधीनता के संस्कार नहीं जमे, बल्कि मुक्त चिंतन और आधुनिकतम समय के अनुरूप निर्णय की क्षमताएँ, और लक्ष्य की सचेत पहचान के अंतस्तत्त्व मज़बूत हुए। वरना इस बीच जितनी चुनौतियाँ, आँधियाँ, विकृतियाँ पनपीं, क्या वे उसे बहा न ले जातीं ? किसी कठमुल्लापन से नहीं; किसी धार्मिक या सांप्रदायिक नज़रिए से भी नहीं; किसी पाखंड और अँधविश्वास के सहारे भी नहीं; शुद्ध तात्त्विक, वास्तविक और अंतःसारी चेतना से हमें इसकी खोज करनी चाहिए कि इस देश के चरित्र में वे कौन-से बीजाणु हैं, जो तमाम विपरीत और लगभग परास्त करनेवाली स्थितियों के बीच भी उसे, उसके सामूहिक मन को संघर्ष की दूरगामी दृष्टि देते हैं ? जिस देश की राजनीति, नौकरशाही, जनसंचारी बौद्धिकता और आर्थिक-सामाजिक-धार्मिक क्षेत्र में प्रायः सारे नकारात्मक तत्त्व इकट्ठे हों; जिस देश में चलने जैसा कुछ भी न हो, उसी देश को शान से चलाए जा रही है यह जनता ! यह कोई चमत्कार नहीं है, न दैवीय करिश्मा—जैसा कुछ लोग मज़ाक में कहते हैं—यह इस देश की जनता की सांस्कृतिक चेतना, अंतर्बोध और लगभग विस्मित करनेवाला विवेक है। कोई भी विदेशी विचारधारा या प्रेरणा; बुद्धिजीवी या राजनेता यह दावा नहीं कर सकता कि भारत की जनता को उसने प्रशिक्षित किया है या प्रजातंत्र के लायक बनाया है। बात इससे उल्टी है। जनता ने ही यह सिद्ध किया है कि उसकी स्मरणशक्ति वैसी अल्पजीवी नहीं है जैसी अवसरवादी नेता, पाखंडी कॉलमिस्ट और अहंकारी नौकरशाह समझते हैं; जनता ने ही पहचाना है कि सत्ता को निरंतरता भ्रष्ट करती है; उसने ही सिद्ध किया कि धन और सत्ता के प्रोग्रामिंग से कम्प्यूटरीकृत हुए बुद्धिजीवी उसका सही मूल्यांकन नहीं कर सकते। भला बताइए कि सत्ताकामी, चुनाव में जिस तरह जातियों, अंतर्जातियों का गणित बिठाते रहते हैं और चुनाव के आगे-पीछे अपने स्वार्थ में इस गणित को पुष्ट और पोषित करने में लगे रहते हैं।—उन्हीं के पीछे बुद्धिजीवी भाग रहे हैं ! अखबार भरे रहते हैं जातीय गणित से, समीकरणों—विषमीकरणों से ! क्या उनका यह दायित्व नहीं है कि वे राजनीति के इस जातीय खेल की भर्त्सना करें, इस हीन वृत्ति को धिक्कारें, लेकिन यथातथ्यता के मुखौटे में वे बराबर वही सब कर रहे हैं जो राजनेता, जीतने के हीन उपाय और सोच के तहत करते हैं। इसी तरह-तरह के कई कारनामों से घृणा, फिरकापरस्ती, जातिवाद, क्षेत्रीयता, धार्मिक उन्माद इस देश में फैले हैं। यह तो एक उदाहरण है, ऐसे तमाम उदाहरण दिए जा सकते हैं—बौद्धिक पराधीनता के। देश में वैचारिक संवाद-विवाद, समस्या-समाधान, विज्ञान, प्रौद्योगिकी, आर्थिक, सामाजिक या आदमी की रोज़मर्रा की समस्याओं पर बात ही नहीं हो रही है। अब तो संपादकीय वगैरह भी नेताओं के आपसी झगड़े, उनकी फूहड़ बातें, फलाँ के फलाँ से रिश्ते, उनके उठने-बैठने, चाय पीने

वगैरह की बेहूदा बातों से भरे रहते हैं। वे भयावह राष्ट्रीय घोटालों का भी खेल की खबरों जैसा मजा लेते हैं। (राजनीति के लिए तो ये खेल हैं ही) इस तरह सुबह उठते ही जनता की मेधा, सोच दृष्टि, परस्परता, जीवन-समस्याएँ, संस्कृति, सहिष्णुता, शिक्षा, कला, चेतना आदि को प्रदूषित करना शुरू कर दिया जाता है। इसी माहौल में जी रहे जन सामान्य को दो मोर्चों पर एक साथ लड़ना पड़ रहा है।

अगर राजनीति और सत्ता के तमाम पाये और बुद्धि के ठेकेदार खुद ही न बदले तो वे जल्दी ही अप्रासंगिक हो जाएँगे। जनता प्रजातंत्र की रक्षा उनके लिए नहीं कर रही है। इसके पीछे उसका दूरवर्ती सोच और अंतःप्रेरणा है। ये तो माध्यम हैं, जो कभी भी उठाकर फेंके जा सकते हैं।

इधर नेताओं की नई आमद हुई है, क्या उन्होंने यह समझ लिया है कि भारत की जनता ने वोट का जुआ नहीं खेला है; उसने संपूर्ण सामाजिक परिवर्तन के लिए वोट के जरिए अपना दिल दिया है। उसकी आस्था,. विश्वास और मूल्यों की रक्षा वैसे ही की जानी चाहिए जैसे कोई हृदय की रक्षा करता है। वरना दशावतार में एक परशुराम भी थे जिन्होंने कर्तव्य भूल जानेवाले मदोन्मत्त राजाओं के समूचे खानदानों को सोलह बार नेस्तनाबूद कर दिया था। यह जनता भी परशुराम है, परशुराम के हाथ में कुठार था, इसके हाथ में 'वोट' है। वह भी असंख्य बार राजनेताओं के समूचे वंश को पदच्युत करके धूल चटा सकती है। चटाती रही है। बार-बार अदल-बदल कर वह हर एक को परख रही है, अवसर दे रही है। फिर भी इस देश की राजनीति जनकल्याण की बजाय आत्मकल्याण, घोटाले, भ्रष्टाचार, विश्वासघात, झूठ और फूट में ही लिप्त रहती है। एकता अच्छी चीज़ है, लेकिन सत्ता के लिए राजनीतिक शिखरों की एकता बहुत सतही है, वास्तविक एकता समाज के भीतर ही कायम हो सकती है। इसीलिए साहित्य मनुष्य की आंतरिक एकता पर बल देता है। और उसे विखण्डित करनेवाली प्रवृत्तियों पर शस्त्र ताने रहता है।

यह सच है कि भारत की जनता तानाशाही नहीं चाहती, उसे नफ़रत है इससे; परंतु सत्तांधों के अंतर्विरोधों ने अगर यह नौबत ला दी तो वह इतिहास का सबसे काला दिन होगा।

[जुलाई 1996]

10

मनुष्यता के भस्मासुर

कालिदास के 'अभिज्ञान शाकुंतलम्' में आश्रम-मृगों पर शर-संधान करते राजा दुष्यंत को झिड़कते हुए युवा तपस्वियों ने कहा था–'आर्तत्राणाय वः शस्त्रं न प्रहर्तुं अनागसि' तुम्हारे अस्त्र-शस्त्र आर्त या पीड़ित की रक्षा के लिए हैं; निरपराधों, भोले-भाले जीवों की हत्या के लिए नहीं। सत्ता तुम्हें रक्षा के लिए दी गई है हत्या के लिए नहीं।'''और दुष्यंत ने सधा हुआ तीर उतार कर तरकश में रख लिया था। परंतु हाल ही में नाइज़ीरिया में कुछ और ही घटित हुआ। विश्व जनमत और संपूर्ण मानवीय संवेदना को धता बताते हुए, नाइज़ीरिया की सत्ता ने कठपुतली न्यायालय के माध्यम से प्रसिद्ध नाटककार और मानवतावादी नेता केन सारो वीवा और उसके आठ साथियों को फाँसी पर चढ़ा दिया। इन हत्याओं को हम न संख्या से तौल सकते हैं, न एक लेखक की हत्या का पक्ष लेते हुए शेष आठ आदमियों की हत्या की अनदेखी कर सकते हैं। (क्योंकि ये सभी तो मानवता के कवि थे।) परंतु इनकी हत्या इसलिए हुई कि वे सारो वीवा के साथी थे, जो न सिर्फ उनका नेता था, बल्कि ऐसा सर्जक भी था जिसके नाम की अनुशंसा नोबेल पुरस्कार के लिए की गई थी। वह नोबेल लेखक वोल सोयिंका और क्रांतिकारी रचनाकार चिनुआ ऐचिबी की पंक्ति का था। उसने अपने प्रभाव से सारी दुनिया को जता दिया था कि सत्ता किस तरह पाँच लाख की अल्प संख्या में बची दुर्लभ पिछड़ी 'ओगोनी' जाति को नष्ट करने पर तुली है, जबकि वह उस भूखंड में रहती है जो नाइज़ीरिया को कुल संपदा का नब्बे प्रतिशत भाग देता है। वे इन गरीबों की खस्ता हालत सुधारने की अपील कर रहे थे। ऐंग्लो-डच कंपनी 'शेल' जो जमीन से तेल निकालने के साथ इनका तेल भी निकाल रही है और पर्यावरणप्रदूषित कर उन्हें कई तरह के रोगों की जकड़ में डाल रही है–इन्हीं 'ओगोनी लैंड' वासियों को प्रदूषण मुक्त करने की गुहार ये लोग कर रहे थे। ऐसे 'आश्रम-मृगों' की सुनियोजित,'संवैधानिक' हत्या कर दी गई–गोया

प्रकृति, पेड़, नदी, हवा, रोशनी की; गोया संवेदों, मूल्यों, प्रेरणाओं, संकल्पों की–वे लोग इन्हीं के प्रतीक थे। वे हम सबकी ओर से मानवता की लड़ाई लड़ रहे थे। (उनकी हत्या करने से मानो फाँसी के यंत्र तक ने इंकार कर दिया था। पाँचवीं कोशिश में ही सारो वीवा के प्राण लिए जा सके।) हत्या के बाद सत्ता ने अपने पहचाने हुए लटके में उन्हें पृथकतावादी, हिंसक और जाने क्या-क्या घोषित किया। संचार साधनों का चाहे जो चरित्र हो चाहे जो दोष और पक्षध ारताएँ हों, परंतु इनका लाभ यह तो है ही कि ये घटनाएँ सर्वत्र पहुँचा देते हैं–फिर समझदार विश्व-जनमत अपने नीर-क्षीर-विवेक से उनका मूल्यांकन कर लेता है। नाइज़ीरिया के अखबारों के मुँह बंद कर दिए गए, विरोधियों को कुचल दिया गया, प्रजातांत्रिक शक्तियों का दमन कर दिया गया–फिर भी सत्य दुनिया के सामने उजागर हो गया...और यह तथ्य भी कि मानवता के इस आड़े वक्त में भी कुछ साम्राज्यवादी शक्तियाँ, किस घटिया स्वार्थ से ऐसे कुकर्मों को 'सहायता' देती हैं–इसके बावजूद अपने को सभ्यता और स्वतंत्रता का शिखर कहती हैं।

इस घटना से दो प्रतीकात्मक निष्कर्ष निकलते हैं–एक तो यह कि आज भी विश्व की राजनीतिक व्यवस्था में प्रजातंत्र का कोई विकल्प नहीं है–न तानाशाही, न सीमित तानाशाही। क्योंकि ऐसे आंदोलन तो अन्य देशों में भी हुए हैं, हो रहे हैं, परंतु निर्लज्ज दमन और क्रूर हिंसा का ऐसा प्रमाण तो नाइज़ीरिया जैसे देशों में ही मिल सकता है, जहाँ तानाशाही है–वह भी फौजी। वहाँ पिछले दिनों हुए–हवाए चुनाव को तानाशाह ॲबाचा ने रद्द कर दिया था और विजेता नेता मसूद अबिओला को जेल में डाल दिया था।...और अब इस नरसंहार द्वारा उसने तानाशाही महत्वाकांक्षा पर अंतिम मुहर लगा दी है। यदि वहाँ प्रजातंत्र होता–चाहे जितना सड़ा, गला, भ्रष्ट; तब भी वह तानाशाही जैसी निर्लज्जता से पेश नहीं आ सकता था। एक व्यक्ति या कुछ व्यक्तियों की सनक के नतीजे कभी-कभी अच्छे दिखने से कई लोग मोहग्रस्त होकर राजतंत्र या तानाशाही को पुकारने लगते हैं, परंतु किस पल यह सनक देश को या पूरी मानवता को अपने अहंकार और महत्वाकांक्षा के जबड़े में भर लेगी–इसका पूर्वाभास भी किसी को नहीं होता। इसका प्रमाण हम पिछले खाड़ी युद्ध में देख चुके हैं।

दूसरा निष्कर्ष यह है कि जनता के द्वारा शक्ति के हस्तांतरण के बावजूद शक्ति संतुलन का गड़बड़ाना घातक हो सकता है। आज की सबसे बड़ी त्रासदी यह है कि सत्ता सौंपने के बाद जनता निहत्थी हो जाती है और शासक निरंकुश। यहाँ तक कि जीवन के नैसर्गिक परिवेश को नष्ट करने तक की इन्हें छूट होती है, जो उन्हें सिखा सकता है कि फल से लदनेवाली डालियाँ झुकती

हैं, तुम्हारी तरह तन्नाती और गर्राती नहीं। कहते हैं 'निरंकुशाःकवयाः', परंतु निरंकुश होकर तो कवि पूरे ब्रह्मांड में बिछ जाता है, जबकि 'निरंकुशाः शासकाः' मान लें तो फिर वह वृत्रासुर ही होता है।

ऐसे ही समय विचारक और सर्जक बड़ी भूमिका निभाते हैं। क्योंकि उनकी दृष्टि अतीत और वर्तमान से लगाकर भविष्य तक फैली होती है–बिना यह सोचे कि उनके चिंतन या उनकी सर्जना का कोई असर होगा या नहीं। उनकी बातें अगर 'आकाश भाषित' होकर ही रह जाएँ तो भी कोई पर्वाह नहीं। इन्हें बार-बार कहा जाना चाहिए। कामसूत्रकार वात्स्यायन ने लिखा है कि 'यदि फसलों को कीड़े लग जाते हैं तो किसान बोना बंद नहीं कर देता'। गर्राए, बौराए और बहराए लोगों को आखिर यह कौन बताएगा कि आगामी शती को कैसी, कौन-सी दुनिया सौंपी जाना चाहिए। यह बात आश्वस्त करती है कि साहित्य, कला, इतिहास, विचार और शिव-संकल्प सदा की तरह आज–इस कठिन समय में–विश्व जनमत, जन-शक्ति, मूल्यवत्ता और संवेदना को दृष्टि देने की ओर उन्मुख है, चाहे वह सीमित परिमाण में ही क्यों न हो, फिर भी उसकी अपने आप में अर्थवत्ता है।

[दिसम्बर 1995]

11

धन इक्कीस लेकिन ऋण कितने ?

स्वाधीनता का स्वर्ण जयंती वर्ष है। इस पर्व पर इलैक्ट्रानिक माध्यम भारत को कोई उपहार न दे यह कैसे संभव है ? जबकि सभी दे रहे हैं—देश के नेता, जातियों और संप्रदायों के मसीहा, प्रदेशों के क्षत्रप, बाजार और मुक्त बाजार के अधिनायक, विश्व बैंक, विदेशी जासूसी एजेंसियाँ, माफिया, घुसपैठिये, आतंकवादी—सभी तो। तो लीजिए यह तोहफा—प्लस इक्कीस चैनल—सिर्फ वयस्कों के लिए ! यह मुक्त (फ्री) चैनल है। अब जाकर पूरा समाँ बँधा है—मुक्त धरा, मुक्त गगन, मुक्त बाजार, मुक्त आचार !

भाषा, विचार, संस्कृति, परंपरा, जाति, धर्म, प्रदेश—यहाँ तक कि कावेरी और नर्मदा के जल को लेकर भी जब इस देश में महासमर छिड़ा हुआ है, तब निर्विवाद और निरापद कौन हो सकता है ? चैनल विशेषज्ञों ने सोचा होगा कि महर्षि वात्स्यायन ही इस वक्त निरापद हो सकते हैं। कामशास्त्र से अर्थशास्त्र का नाभिनाल संबंध है; उपभोग की इच्छा का उपभोग की क्षमता से चिरंतन तादात्म्य है। अर्थशास्त्र मुक्त होगा तो कामशास्त्र भी मुक्त क्यों न हो ?

बच्चों से लेकर बूढ़ों तक के लिए घर में मनोरंजन का एक डिब्बा रखा रहता है। लेकिन यह हर वक्त उनके दाँतों के कीड़े निकालता है, पल भर में कपड़े चमचमा देता है, लुंज-पुंज को खेल के मैदान में दौड़ा देता है, केश को हवा में लहरा देता है, त्वचा मुलायम बना देता है, मोटर सायकल से खाई-पहाड़ पार करवा देता है और आंटी से दीदी बना देता है—बेशुमार करिश्मे, सुंदर स्वप्निल दुनिया के ! ये सब आपको 'वस्तु' देते हैं या स्वयं 'वस्तु' बना देते हैं ? समाज की खाइयाँ पाटते हैं या और चौड़ी कर देते हैं ? और इनके बीच कार्यक्रमों के रूप में जो अवरोध उपस्थित कर दिए जाते हैं वे मनोरंजक हैं या मनोभंजक यह समझना मुश्किल है। क्या इस देश में मनोरंजन का इससे खूँखार तरीका कोई और हो सकता है ?

इधर यह डिब्बा परिवार के भीतर भी विभाजन की लकीरें और गाढ़ी करने पर तुला है। किसी खास वक्त पर कमरे से एक आयु समूह बाहर हो और दूसरा भीतर जाए–एक-दूसरे से नज़र चुराता हुआ, यही इसकी योजना है। कभी कहा जाता था कि दूरदर्शन ने हमारे सामूहिक जीवन को नष्ट कर दिया। लोग घर तक सिमट गए। उनसे मिलने जाओ तो वे टी.वी. से चिपके रहते हैं। आगंतुक अवांछनीय हो जाता है। साहित्यिक-सांस्कृतिक-बौद्धिक आयोजन; यहाँ तक कि विवाह के मुहूर्त तक टी.वी. कार्यक्रम को ध्यान में रख कर निकाले जाने लगे।...और अब इसने घर टूटने की नौबत ला दी है–इससे ज्यादा उन मूल्यों के टूटने की जिनके आधार पर घर, घर बनता है और फिर समाज। ऊपर से कितनी धुली-पुँछी लगती है यह चेतावनी–'सिर्फ वयस्कों के लिए।' मानो प्लस-21 को नई और किशोर पीढ़ी की बेहद चिंता है कि कहीं वह इस वर्जित क्षेत्र में घुसकर बिगड़ न जाए ! एक युवा कवि राहुल ने लिखा है 'आज/ईमानदारी और आदर्शों को/ठीक वही जगह हासिल है/जो सिगरेट के/डिब्बों पर लिखी संवैधानिक चेतावनी को।' लेकिन चिंताग्रस्त प्लस-21 उससे भी दस कदम आगे है। वह चेतावनी को निष्क्रिय बनाने के लिए चेतावनी नहीं दे रहा है–बल्कि यह उसका आकर्षक आमंत्रण है। विक्रेता जानते हैं कि 'वर्जना' से अधिक आकर्षक विधि बुलावे की दूसरी नहीं है। 'ए' प्रमाण-पत्र पाने के लिए फिल्मों में होड़ क्यों मची रहती है ?–यों, हिंदी की अधिकांश फिल्में 'ए' होती हैं, जिन्हें अश्लीलता के लिए कुख्यात देश तक अश्लील कहते हैं, फिर यह प्रमाण-पत्र क्यों ? 'बॉक्स आफिस हिट' के लिए। हर कोई जानता है कि यह भीड़ ज्यादातर कच्ची उम्र के, असंस्कारी लोगों की होती है। अगर वर्जना से वर्जना और भय से भय ही पैदा होता तो कंपनियाँ टी.वी. का विज्ञापन दैत्यों के सहारे क्यों करतीं और घर-घर में दैत्य क्यों आ जाते ?

श्रीमान् प्लस-21 ने अपने शुभागमन का अवसर भी क्या खूब चुना था–15 अगस्त। जैसे उसने यह संदेश दिया हो कि स्वाधीनता और स्वेच्छाचारिता इस देश में पर्यायवाची हैं। मजा यह है कि एलिट बुद्धिजीवी आगे बढ़कर इसकी वकालत कर रहे हैं। खुद प्लस-21 कह रहा है कि बच्चों के लिए नहीं, सिर्फ वयस्कों के लिए। लेकिन बुद्धिजीवी उसका समर्थन करते हुए कहते हैं–क्या हर्ज है, बच्चे देखें, जानें; चीजें छिपाने से उनमें कुंठा पैदा होती है, वे गलत रास्ते अपनाते हैं–मानो उन्होंने प्लस-21 या ऐसी तमाम फिल्मों और गतिविधियों को सही रास्ता दिखाने का प्रमाण-पत्र दे दिया है। क्या उन्हें पता है कि कच्ची उम्र में, वर्जित क्षेत्रों में, सही रास्ता दिखाने का काम कितना बारीक, नाजुक और वैज्ञानिक होता है ? क्या यह काम व्यवसायधर्मी माध्यमों और उच्छृंखलों को

सौंपा जा सकता है, जिन्हें खुद ही पता नहीं कि क्या सही है और क्या गलत ? इन दिनों विभिन्न चैनलों पर कैसी भ्रष्ट भाषा, भौंडे और बचकाने प्रदर्शन, विचार और बुद्धिशून्य हंगामे होते रहते हैं। इनके प्रयोग की अक्ल और सीमा यह है कि ये पर्दे पर 'जे.पी.माथुर' की जगह लिखते हैं–'J.P. माथुर' (और यह व्यंग्यात्मक प्रयोग नहीं है)–क्या इन्हें भाषा की भावात्मक एकता का दायित्व सौंप देना चाहिए ? इनको अभी इतनी तमीज नहीं है कि जानें कि कपड़े न होने के कारण नंगे रहना और दर्जनों कपड़े होते हुए नंगे रहने में क्या अंतर है ?–एक का नाम है 'अभाव' और दूसरे का नाम है 'अश्लीलता'। उन्हें यह भी पता नहीं है कि जिन विदेशों के अनुकरण पर वे अपने तर्क गढ़ रहे हैं–उन्होंने इस मुक्त शिक्षा और मुक्त साहचर्य की एक आद्योपांत सामाजिक और राष्ट्रीय पद्धति वर्षों के प्रयत्न और अभ्यास से विकसित की है और अब यह 'विकास' स्वयं उनके लिए जानलेवा हो गया है, वे खुद भारत जैसे देशों की ओर लौटना चाहते हैं ! खैर, नकल एक चमक पर अटकी रहती है और ग्रहण एक पूरी प्रक्रिया है, एक ऐसी संपूर्ण विधि है जिसमें स्वयं की अस्मिता भी पूरी तरह उपस्थित रहती है। हमारे देश के जन-समाज की सामान्य प्रवृत्ति, जीवन-स्थिति, जीवन-शैली, परंपरा, संस्कार आदि ढेरों बातें हैं जिन्हें नए आचरण और परिवर्तन को निर्धारित करते हुए ध्यान में रखना होगा। परिवर्तन यदि कोई प्रयोग भी हो तो भी इस पूरी सरणि को ध्यान में रखे बिना, वह मात्र पश्चिमोन्मुख ऐलिट समाज की प्रयोगशाला में कैद रह जाएगा और बाहर सिर्फ धुआँ, मलबा और प्रदूषण का ही निस्तार करेगा।

साहित्य और कलाओं में आजकल अश्लीलता को आधुनिकता माननेवाले बहुत से पक्षधर पैदा हो गए हैं। शायद 1930 में 'हंस' के किसी अंक में प्रेमचंद ने एक अश्लील पुस्तक की समीक्षा सिर्फ एक पंक्ति में की थी–'ऐसी किताबों को माचिस की तीली दिखा देना चाहिए' लेकिन आज अगर वे इस तरह के चैनल या किताब पर ऐसी कोई टिप्पणी करना चाहते तो ये लोग उनका हाथ थाम लेते–'मुंशी जी, यह 1930 नहीं, 1996 है।' क्योंकि 1930 और 1996 में वे यंही अंतर समझते हैं।

देश की वास्तविक बौद्धिक संपदा विचारकों, बुद्धिजीवियों, कलाकारों के पास होती है। लेकिन क्या वे यह सोच रहे हैं कि आज आम लोगों का विश्वास सारे बौद्धिक कर्म या समस्त लिखित और उच्चरित शब्द पर से लगातार क्यों उठता जा रहा है ? क्या इसका एक कारण यह तो नहीं कि वे कहीं और अनुबंधित हैं तथा जीवन के यथार्थ या उसके बीचोंबीच से निकली सच्चाई की जोखिम से बच रहे हैं ? 'लोक' बड़ी खांटी चीज़ है, उसका विश्वास अर्जित

करना, उससे बचकर निकलने पर संभव नहीं; और विश्वास अर्जित करने का अर्थ स्वयं लोक को अपने विश्वास, विचार और ऊँचाई तक उठाने में उसका सहयोग लेना भी है।

[अक्टूबर 1996]

12

विद्या का विस्थापन

कुछ प्रश्न ऐसे हैं जिन पर देश के सभी विद्या प्रेमियों को गंभीरता से विचार करना होगा। क्योंकि वक्त के चौतरफा आक्रमण का सबसे अधिक शिकार विद्या-क्षेत्र ही होने जा रहा है। वैज्ञानिक और इलैक्ट्रानिक उपलब्धियों को तो प्रदूषित किया ही जा चुका है; ज्ञान और भाव के समस्त माध्यमों की ओर भी लालसा की विष-कन्या के चषक बढ़ चुके हैं। एक मिसाल पिछले दिनों आयोजित यान्नी के कार्यक्रम की दी जा सकती है। यान्नी के संगीत की पृष्ठभूमि में क्या ताजमहज था ? या यान्नी और ताजमहल दोनों की पृष्ठभूमि में थी पेप्सी ? और दोनों कलाकृतियाँ (वास्तु और संगीत) जो वहाँ मौजूद थीं, वे कितने पहले से मौजूद थीं—इतिहास, अवधारणा और उपलब्धि में ? तो, एक साथ कितनी मौजूदगियाँ इस्तेमाल कर ली गईं ? यह इब्तिदा है—भावी इस्तेमालों की सिर्फ एक बानगी !

एक और उदाहरण है शिमला के 'भारतीय उच्च अध्ययन संस्थान' का। इसका अपराध सिर्फ यह है कि यह बहुत सुंदर परिवेश में बनी शानदार इमारत में है। लोग परेशान हैं—सुंदरता, भव्यता, सुविधा का पढ़ने-लिखनेवालों से क्या वास्ता ! यहाँ प्राकृतिक आनंद उठाने के लिए खूबसूरत होटल बनना चाहिए था या रूखे-सूखे चुप्पे लोगों की बस्ती ? ऐसी जगहें देशी-विदेशी मुद्रा की बरसात के लिए होती हैं या फिजूलखर्ची के लिए ? मजा यह है कि यह सोच मल्टीनेशनल्स का नहीं, इसी स्वाधीन देश की उत्तरदायी सरकार का है जिसके शिखर पुरुष ने अपने निवास को सरस्वती के चरणों में अर्पित कर, भारत की श्रेष्ठ राजनय परंपरा को आधुनिक अर्थवत्ता दी है—जो उसी देश में संभव है जहाँ का राजा कवि की पालकी को कंधा देता था और जहाँ विद्वान, मेधावी, कवि, कलाकार, चिंतक राजा से अधिक पूजनीय माने जाते थे।

पराधीन काल की 'वायसरिगल लॉज' का स्वाधीन युग में 'राष्ट्रपति निवास'

के रूप में तो सिर्फ नामांतरण ही हुआ था, परंतु डॉ. राधाकृष्णन ने मनीषियों के लिए समर्पित कर इसका व्यक्तित्वांतरण कर दिया। उनके इस निर्णय से कई मुद्दों पर एक साथ चोट हुई थी, कई विखंडनों के बीच से स्वाधीन और ऊँचे सोच की एक मूर्ति उभरी थी। जैसे ही दार्शनिक, सर्वपल्ली जी को यह विचार आया कि राष्ट्रपति के अत्यल्प प्रवास की तुलना में इमारत के रख-रखाव पर इतना बेतहाशा खर्च कितना बेहूदा ('एब्सर्ड'–उन्होंने इस्तेमाल किया था) है, उसी क्षण उनके मन में यह जुड़वाँ विचार कौंधा कि ऐसा सुरम्य, शांत, प्रेरणादायी परिवेश तो देश के मूर्धन्य चिंतकों, विद्वानों, लेखकों, अन्वेषकों और अध्येताओं के ही योग्य है। मेधा और प्रतिभा को यदि ऐसा परिवेश मिल जाए तो वह अपनी क्षमता का सर्वोच्च और दुर्लभ दे सकती है; मनुष्य की उच्चतम विभूति का संरक्षण और उन्नयन जिन मनों और हाथों से संभव है उन्हीं को समर्पित होना चाहिए यह परिवेश। नतीजे में यहाँ 'भारतीय उच्च अध्ययन संस्थान' स्थापित हो गया, जहाँ अनेक मूर्धन्य विद्वान फैलो के रूप में रहकर बेशकीमती काम कर चुके हैं, (इनमें नोबेल पुरस्कार प्राप्त जापानी लेखिका सुश्री ओगसेन सुकी भी हैं।) परंतु डॉ. राधाकृष्णन के पद-निवृत्त होते ही कुछ उत्तरदायी लोगों को संस्थान की अनुपयोगिता, अपव्यय और आर्थिक संसाधन के रूप में इमारत के वैकल्पिक उपयोग नज़र आने लगे। पिछले तीस सालों से प्रादेशिक और राष्ट्रीय स्तर के महकमे इसे होटल में बदलने के लिए बेताब हैं। यह अलग बात है कि किसी न किसी कारण से वे विफल हो चुके हैं। शायद इसीलिए इस साल जनवरी में संस्थान को जो अल्टिमेटमनुमा पत्र मिला है, उसमें यह बात नहीं कही गई है कि इस इमारत को खाली करवा कर क्या किया जाएगा ? आखिर किया ही क्या जा सकता है ऐसी इमारत का (खासकर इस तरह के 'संक्षिप्त सोच' के चलते)–होटल न बनेगी तो गेस्ट हाउस, नहीं तो बहुराष्ट्रीय अतिथि आवास… । यानी कुल मिलाकर किताबें हटेंगी और तश्तरियाँ, चम्मच खनकाएँगे; बेतरतीब बाल, अस्त-व्यस्त पोशाक, फकीरी चाल-ढाल की जगह कमर-पट्टे, तुर्रेदार साफे, इस्तरी की गई पोशाकें, सधी हुई चाल, कास्मेटिक्स, लहराती खुशबू…जिसे शायद यहाँ की प्रकृति सिर्फ अजनबी निगाह से टुकुर-टुकुर देख सकती है, इसमें भाग नहीं ले सकती।

संस्थान को यहाँ से हटाने के लिए की गई दिमागी कसरत और कागजी चहल-पहल का ब्यौरा इतना लंबा है कि एक-दो पृष्ठों में समेटना मुश्किल। लेकिन इसके पीछे जो प्रवृत्ति, सोच, मनोविज्ञान, वर्ग-भेद आदि काम करते रहे हैं उनके विश्लेषण से शायद कुछ गुह्य-रहस्य प्रकट हो सकें।

यह सवाल पूछा जा सकता है कि संस्थान को तो कोई तोड़ नहीं रहा है,

सिर्फ जगह बदली जा रही है, तब बुद्धिजीवियों, हिमाचल की छात्र यूनियन, संस्थान कर्मियों, अधिकारियों को इससे क्या मतलब है कि वह यहाँ रहे या वहाँ ? वहीं बनाए रखने की जिद क्यों ? जिद नहीं है यह, एक बुनियादी प्रश्न है—अवधारणा और प्रतीकात्मक चिंता से जुड़ा एक बड़ा प्रश्न; राष्ट्र का समूहिक प्रश्न। इस संस्थान का निर्माण जिस उदात्त विचार से हुआ है वह इतिहास में कभी-कभार ही घटित होता है। यह संस्थान एक स्वाधीन राष्ट्र के विद्वान और चिंतक राष्ट्राध्यक्ष द्वारा ज्ञान, अन्वेषण और मेधा के प्रति सर्वोच्च सम्मान की ऐतिहासिक अभिव्यक्ति और प्रकारांतर से भारत के उन्नत सोच का राष्ट्रीय प्रतीक है। यही कारण है कि कोई सत्रह साल पहले केन्द्रीय मंत्रिपरिषद ने पुनर्गठन-अनुशंसा स्वीकार करते हुए, प्रस्तावित स्थान परिवर्तन का मसला यह कहकर टाल दिया था कि 'इस पर अलग से विचार होगा।'

कभी भवन वापस लेने की राष्ट्रपति की इच्छा की दुहाई भी दी गई। राष्ट्रपति भवन के सूत्रों ने इससे साफ इंकार किया। वैसे भी कोई राष्ट्राध्यक्ष, पूर्व राष्ट्राध्यक्ष द्वारा महान कार्य के लिए दिए गए किसी भवन को वापस नहीं लेता, फिर डॉ. शंकर दयाल शर्मा तो स्वयं विद्वत् राजनय पंरपरा के हैं और उनके भी वे ही मूल्य हैं, जो सर्वपल्लीजी के थे। उनके बारे में भला ऐसी बात कैसे सोची गई होगी ?

दरअसल इस पूरे प्रसंग में राष्ट्राध्यक्ष की प्रतिष्ठा, परंपरा, समकालीन मूल्य-चेतना आदि दाँव पर लगे हैं साथ ही इस इमारत से कुछ संवेदनशील मामले भी जुड़े हैं।

'आब्जर्वेट्री हिल' पर 110 वर्ष पहले बनी यह इमारत सुंदर, भव्य और लकड़ी के बेशकीमती कामों का नमूना ही नहीं, इतिहास की साक्षी है— हमारे राष्ट्रीय दुर्भाग्य और सौभाग्य की साक्षी। यहीं एक कक्ष में 'भारत विभाजन' को अंतिम रूप मिला था, यहीं के लॉन में नेहरू बेचैन घूमे थे, यहीं शिमला समझौता हुआ था; यहाँ की सीढ़ियों, बरामदों, उद्यानों में जाने कितने इतिहास-पुरुषों और संघर्षशील नेताओं के पद-चिन्ह हैं। इतिहास का यह साकार दस्तावेज किसी विद्वत् संस्थान की धरोहर हो सकती है या किसी वैलासिक रंगभूमि की ?

फिर, जगह के फेर-बदल से लाभ क्या होगा ? संस्थान को दिल्ली या आसपास ले जाने पर 100 करोड़ व्यय अनुमानित है। शिमला में ही अन्यत्र ले जाने पर 60 करोड़ व्यय आएगा। इतना खर्च करने पर तो आप जहाँ चाहें जन्नत उतार सकते हैं। यह समझना मुश्किल है कि होटलों और गेस्ट हाउसों की शिमला या तमाम शहरों में क्या कमी है, मगर उच्च अध्ययन संस्थान कितने हैं ?

यदि किसी को यह शिकायत हो कि इस भवन की पूरी क्षमता का संस्थान द्वारा उपयोग नहीं हो पा रहा है; या प्रशासन, प्रक्रिया और उपलब्धि के स्तर पर कमियाँ हैं तो उन्हें दूर किया जा सकता है। निस्संदेह यहाँ बहुत और बहुत महत्त्वपूर्ण काम होना चाहिए। एकांतिक मुद्रा से उबरने का यथोचित प्रयत्न भी किया जाए तो बुरा नहीं है। उत्तरदायी लोगों को यह भी सोचना चाहिए कि यह 'भारतीय उच्च अध्ययन संस्थान' है, जबकि यहाँ का पूरा परिवेश अंग्रेजीपरस्त लगता है। भारतीय भाषाओं के विद्वान तो हैं, मगर यहाँ प्रायः स्रोत सामग्री अंग्रेजी में है–अंग्रेजी सिर्फ शेक्सपीयर की ही नहीं, मैकाले की भाषा भी है। विचार, वस्तु, मूल्य, इतिहास और उपलब्धि के स्तर पर शताब्दियों से जो तोड़-फोड़ एवं भ्रम फैलाए गए हैं उनका निराकरण भी उच्चकोटि के विद्वान ही कर सकते हैं। भारतीय भाषाओं का स्रोत और चिंतन-साहित्य मुहैया किए बिना क्या भारतीय विद्या और उपलब्धि का सही अध्ययन संभव है ? यह भी नहीं भूलना चाहिए कि इस देश की राष्ट्रभाषा हिंदी है, अंग्रेजी एक वैकल्पिक, काम चलाऊ भाषा है। राष्ट्रीय गरिमा की रक्षा करना भी तो किसी प्रबुद्ध राष्ट्रीय संस्थान का ही काम है। परम मेधावी, अत्यंत श्रेष्ठ अन्वेषी, उच्चस्तरीय लेखक समाज तो यहाँ रहे, परंतु आंतरिक कसौटी यदि एक विदेशी भाषा हो तो इसका मूल उद्देश्य कहीं न कहीं आहत होता है। एक पहाड़ी पर कोई ऐलिट वर्ग रहता है, यह जन-बोध किसी भी लोकतांत्रिक देश के बौद्धिक संस्थान के पक्ष में नहीं जाता। एकांत साधना करना और ऐलिट होना, या दिखाई देना दो भिन्न बातें हैं। क्या यह दुर्भाग्यपूर्ण नहीं है कि संस्थान लगातार 30-32 सालों से संक्रमण के दौर से गुज़र रहा है, हर वक्त अस्थिरता, कई बार यथास्थिति और उदासी यहाँ छाई रहती है, लेकिन इससे देश-भाषा-समाज प्रायः अविचलित बना रहता है। इस बार भी जब उसे सबसे बड़े संकट का सामना करना पड़ रहा है, तब भी ज्यादातर अंग्रेजी अखबार ही उसके पक्ष में संपादकीय लिख रहे हैं, उन्हीं के कॉलमिस्ट लेख लिख रहे हैं। यह स्थिति क्यों बनी, वह क्यों इतना अकेला हो गया, इस पर भी तो विचार होना चाहिए। उसे अपना पश्चिमी द्वार खुला रखने के साथ ही पूर्व का द्वार भी बंद नहीं रखना है। असली प्रकाश तो उसे यहीं से मिलेगा।

फिलहाल एक उच्च अध्ययन संस्थान पर आई विपत्ति देश के सभी विवेक और विचारशील नागरिकों की चिंता होनी चाहिए, क्योंकि यह एक प्रतीकात्मक संकट है जो अंततः हमारे ज्ञान और विचार संस्थानों की स्वायत्तता और गरिमा को भौतिक लालसाओं के हाथों विस्थापित कर उन्हें दोयम बनानेवाली बाजार-संस्कृति का अवांतर उत्पाद है। बेहद सतर्क करनेवाला।

[अप्रैल 1996]

13

लेखक की हत्या

बीमारी, दुर्घटना, प्राकृतिक प्रकोप, हृदयाघात, वृद्धावस्था जैसी कई चीजें हैं जो लोगों के प्राण ले लेती हैं; इनसे तो मनुष्य अपने को किसी हद तक बरी मान भी सकता है। परंतु कुपोषण, युद्ध, आतंकवाद, विषैले उद्योगों की स्थापना, मिलावट, नकली दवाइयाँ, दुराचरण, पर्यावरण, प्रदूषण आदि से होनेवाले नरसंहार तो मनुष्य के बहाने पैदा हो गए भस्मासुरों के ही कारनामे हैं। इन्हें संकुचित स्वार्थ, कुशासन, उपभोक्तावादी मनोवृत्ति, शोषण, निष्करुणता, बर्बरता कुछ भी नाम दे दें; लेकिन अंततः यह मुट्ठी भर लोगों की पूरे मानव-समुदाय के विरुद्ध गहरी साजिश है।

औद्योगिक और व्यावसायिक स्वार्थ, शासन तंत्र की जड़ता, न्याय-व्यवस्था की जटिल, उबाऊ दुर्दशा, सत्ता कामना, संचार तंत्र के दुष्प्रभाव आदि आज इतने दुर्दांत हो चुके हैं कि मनुष्य का ठीक से जीना दूभर हो गया है। उसके ज्ञान, संवेदन, चिंतन, मूल्य आदि का मार्ग प्रशस्त करने के बहाने ये उसे निरंतर अंधी खाइयों में धकेल रहे हैं। ये समझते हैं कि मानवीय संवेदना, यहाँ तक कि जीवन भी इनका उपनिवेश है।

जहाँ-जहाँ क्रूरता, जीवन पर आक्रमण करती रही है, वहाँ-वहाँ साहित्य उसके विरोध में तन कर खड़ा होता रहा है। यह क्रूरता के विरुद्ध कोमलता का अनंत युद्ध है। आदिकवि वाल्मीकि की आदि कविता वास्तव में इसी मृदुता पर आघात के विरुद्ध क्रोध है। एक प्राकृतिक जीवन जीते हुए पक्षी-युग्म को भी कोई उसके नैसर्गिक सुख से वंचित क्यों करे। नॉर्वे में, वहाँ के सर्वाधिक प्रतिष्ठित अभिनेता लार्स आंद्रियास लार्ससन ने अपने भाषण में भारत पर बनी एक स्वीडिश फिल्म का जिक्र किया था, जिसमें अंडों पर बैठी मादा पक्षी को नर पक्षी अपने विशाल डैने फैलाकर सूर्य (लार्स ने जोर देकर कहा था–भारत का गर्म सूर्य Hot indian Sun) के आतप से बचा रहा है। जिधर-जिधर से सूर्य की

किरणें आती हैं उधर-उधर वह अपने डैने घुमाता है। लार्स ने कहा–'यह भारत है।' मैं बैठा सोचता रहा–क्या सचमुच ? क्या यही भारत अपनी पथराई आँखों से लगातार अपने भीतर दानवीय प्रवृत्तियों द्वारा निरीह मनुष्यों पर तरह-तरह के हमले होते नहीं देख रहा है ? जो कुछ रक्षणीय है उसे प्रतिदिन मरते नहीं देख रहा है ? हालाँकि अब भी बहुत कुछ है, जिसे बचाया जा सकता है। इसके लिए विशाल डैने फैलाकर कौन झेलेगा भयावह आतप ?

–साहित्य। हाँ, कुछ लोगों के द्वारा साहित्य के निरर्थक होने या खत्म होने के फतवे देने के बावजूद। लोगों का सोचना शायद इसलिए कुछ सही हो कि लगातार जटिल, निष्करुण, लालची होती हुई, भयानकतम अस्त्र-शस्त्रों से लैस दुनिया में शब्दों की उपस्थिति, एक निरीह उपस्थिति भर ही तो है। गाय जैसा जीव कितना निरीह है। लेकिन वह हमारे बच्चों को दूध पिलाती है, हमारे खेतों को बैल देती है। साहित्य हमारी भाव प्रणाली का पोषण करता है और हमारे बंजरों को फाड़कर हमें उर्वर बनाता है। जहाँ जो कुछ कोमल बचा है आज भी उसकी रक्षा के लिए, हर कुछ खोकर, सर्जकों का एक बड़ा समुदाय इस संकल्प में जुटा है।

सुमति अय्यर की हत्या ? रोज़-रोज़ होनेवाली असंख्य हत्याओं से अलग क्या अहमियत रखती है–एक लेखक की हत्या ? शायद हाँ, इसलिए कि वह निरंतर हत्याओं के विरुद्ध, 'करुणा' की रक्षा में खड़ा 'रौद्र' है। खड़ी फसल को आग लगाने से बड़ी नीचता है बैल को ज़हर देना। क्योंकि वह उपस्थित को ही नहीं, संभावनाओं को भी खत्म करती है। इसीलिए दुनिया भर में लेखक को उपेक्षित करने की ही नहीं, भयभीत करने, निष्कासित करने, नष्ट करने की बर्बर कोशिशें आज भी जारी हैं। आखिर लेखक माँग क्या करता है–वाणी को जंजीरों से मुक्त करने की। सर्जक तमाम तरह की हत्याओं के खिलाफ एक आवाज़ है। यह बची रहे तो दुनिया भी कुछ न कुछ बची रहेगी। और जहाँ-जहाँ जिस-जिस रूप में यह आवाज़ है–वहाँ-वहाँ साहित्य है, फिर उसकी चाहे जो विधा या प्रक्रिया हो !

हाँ, इधर कुछ लेखक आत्महत्या भी करने लगे हैं–चाहे यह उनकी निजी यातना का नतीजा हो, परंतु जो जीवन समाप्त होता है, वह तो लेखक का ही है न ! वैसे भी किसी आत्महत्या को महिमामंडित करना सामाजिक अपराध है, फिर लेखक की आत्महत्या को गरिमा पहनाना तो और भी बड़ा अपराध है। क्योंकि इस दुनिया में असंख्य लोग भाँति-भाँति की दुर्वह यातनाएँ झेल रहे हैं और त्रासदी यह है कि उनके पास वाणी नहीं है। लेखक ही तो उन्हें वाणी देता है–तो प्रकारांतर से क्या यह उस वाक् की हत्या नहीं है जो लेखक का जीवन नहीं बल्कि मिशन है। बहरलाल, जो हमारे बीच नहीं रहे उन्हें साश्रु बिदाई।

14

भस्मासुरी न बन जाए यह जय यात्रा

रहस्य-रोमांच कथाओं का जिन्न धरती पर जन्म ले चुका है, अब इसका नया नाम है 'इंटरनेट'–जो हुक्म देते ही किसी भी प्रकार की जानकारी एक पल में हाज़िर कर देता है, बशर्ते आपके पास जादुई चिराग 'कंप्यूटर' हो। एक क्षण में यह पंद्रह लाख जानकारियों के अंश दुनिया भर में स्थानांतरित कर सकता है। उपग्रह (सेटेलाइट) की दैवीय (या आसुरी) शक्ति इसे विश्वभर के द्वीपों में पलभर में पहुँचा देती है। टेलीफोन लिंक और माइक्रोवेन ट्रांसमीशन जैसे वैज्ञानिक और इलेक्ट्रानिक संचार माध्यमों के सूक्ष्मतम और उच्चतम सार से विकसित यह आविश्व-जाल (नेटवर्क) आज दुनिया का सबसे बड़ा वरदान है–मगर अभिशाप की पूरी आशंका लिए–'पुण्य सृष्टि में सुंदर पाप' की तरह। क्योंकि अन्वेषक, विचारक, स्रष्टा कल्याण के लिए जो खोजते, सोचते और रचते हैं–उसमें कुछ लोग अकल्याण के अवसर निकाल ही लेते हैं। अणु-शक्ति की खोज विश्व कल्याण के लिए की गई थी, लेकिन लोगों ने उससे बना लिए अणुबम और बढ़ते ही जा रहे हैं इस राह पर, अन्वेषक को धता बताते हुए।

सृष्टि के इस अटल नियम को ध्यान में रखते हुए किसी भी नए अन्वेषण की परिकल्पना, निर्माण तक ही नहीं, वहाँ तक जानी चाहिए जहाँ तक हर अच्छी और बुरी परिणति संभव है और संभावित बीमारी का कोई न कोई उपचार है।

तीव्र गति से हो रही वैज्ञानिक और इलेक्ट्रानिक उपलब्धियों का सबसे बड़ा दोष है कि वे बिना किसी श्रम के मनुष्य को पैसे के बल पर सहज ही मिल जाती हैं। और जो भी बिना श्रम और उचित संघर्ष के मिलता है, वह उपभोग की प्रवृत्ति को पोसता है। मनुष्य न सिर्फ यह नहीं महसूसता कि जिसका उपभोग कर रहा है उसमें कितना श्रम, कितनी क्षमता, कितना उत्पीड़न, कितने हाथ, कितने दिमाग और कितने युग लगे होंगे, बल्कि वह उसे जानता तक नहीं। इसलिए उपभोग को न सार्थक कर पाता है न उसे पचा पाता है।

इंटरनेट से ज्ञान के अजीर्ण का एक उदाहरण तो यह है कि इसमें पगे हुए एक 23 साला भारतीय लड़के ने अमेरिका से अपने पिता को पत्र लिखा कि 'अब मेरे लिए दुनिया में कुछ भी जानना बाकी नहीं रहा, तो जीने का क्या मतलब ? लिहाजा मैं आत्महत्या कर रहा हूँ...' और वह मर गया। असल में उसकी जिजीविषा समाप्त हो गई थी। क्योंकि अपने को लगातार पूर्ण बनाने की कामना ही जिजीविषा है, इसके लिए मनुष्य आजीवन संघर्ष करता है। पूर्णता पाने या उसके लिए जूझने की परिभाषा सबकी अलग-अलग हो सकती है। भले ही, कोई ज्ञान के लिए, कोई धन के लिए, कोई सिद्धांत के लिए, कोई पद के लिए, कोई पेट भरने के लिए और कोई किसी और बात के लिए जूझता हो, मगर जूझता है, तो ज़िंदा है–जीवन की कामना है। लड़का शायद ज्ञान के लिए और जूझता, लेकिन ज्ञान तो उसे कुर्सी पर बैठे-बैठे ही मिल गया था। दुनिया भर का। कुछ भी अज्ञात नहीं रहा उसके लिए (उसके ख्याल में)। तो बिना संघर्ष के अपार ज्ञान हाथ में रखे आँवले की तरह मिल जाने से उसकी जिजीविषा का अंत हो गया। उसे शंकराचार्य की तरह सर्दी, गर्मी, वर्षा नहीं सहनी पड़ी, पहाड़ी रास्तों पर वह नहीं चला, नहीं खाईं ठोकरें। ज्ञान उसे ऐसे मिल गया जैसे बाप-दादाओं की कमाई पर ऐश; जो उसमें सही ढंग से रचा-पचा नहीं। न तो यह जरूरी है (और न संभव) कि जितने अन्वेषणों और वस्तुओं का लाभ हम लेते हैं, उन्हें स्वयं बनाएँ, परंतु उनके निर्माण में लगी लंबी प्राकृतिक और मानवीय शृंखला के प्रति कृतज्ञता और संवेदना की मानसिक यात्रा तो होनी ही चाहिए। शायद इसीलिए हमारे पूर्वज खाने से पहले और बाद में भोजन को प्रणाम करते थे। दूसरे शब्दों में इसमें जुटी प्रकृति और मानव शृंखला को। पृथ्वी, सूर्य, चंद्र, मरुत, सोम, ऋतुओं का वंदन कर उनके अवदानों के प्रति कृतज्ञता प्रकट करते थे। आम का स्वाद लेने से पहले आम्र मंजरी के स्वागत का उत्सव मनाते थे। दरअसल प्रकृति की नियामतों और मनुष्य की अपार मेधा और अपार श्रम से हमें जो उपलब्धियाँ हुई हैं– उसके प्रति पूरी संवेदना, संचेतना और लगाव के बिना हम उसका न सिर्फ नासमझी और बेवकूफी से उपयोग करेंगे, वरन, दुरुपयोग करते जाएँगे।

भला बताइए कि इंटरनेट ने यदि बड़ी-बड़ी कंपनियों तक ही जानकारी जमा करने और प्रेषित करने की सुविधाएँ सीमित न रखकर, व्यक्तियों को भी 'संवाद-कक्ष' (चैट रूम) उपलब्ध कराया है, तो क्या गुनाह किया ? आप उसमें अपनी मनीषा, गुण, दक्षता और समझ को एकत्र कर लोगों को मुहैया करें तो मनुष्यता को कितना लाभ मिलेगा ? मगर देखिए तो, लोग इससे देशों, जातियों, धर्मों के बीच घृणा फैला रहे हैं। पिछले दिनों एक खबर थी कि इंटरनेट पर भारत-पाक युद्ध शुरू हो गया है–वही हिंदू-मुस्लिम, हिन्दूधर्म, इस्लामधर्म वाला

साम्प्रदायिक झगड़ा। एक 'चैटरूम' धर्म संबंधी जानकारी जमा कर रहा है, तो लोगों का उसमें क्या खूबसूरत प्रदाय है !–हिन्दू मूर्ख हैं; मुस्लिम हिंस्र हैं; हिंदू धर्म फलाँ है, इस्लाम फलाँ है–वगैरह ढेरों ऐसी घृणित बातें जिन्हें लिखा तक नहीं जा सकता वे इंटरनेट द्वारा प्रदाय की जा रही हैं–मानो वह इंटरनेट न होकर कोई दो पतिया पीत-पत्र हो। कंप्यूटर पर किसी का चेहरा और आवाज़ तो होती नहीं, न हस्तलिपि होती है, कि शिनाख्त करें उस चेहरे, आवाज और लिखावट की; इसलिए ऐसे लोगों को बचने की पूरी सुविधा है। जैसे कायर लोग अखबार में गुमनाम खत लिखते हैं, या 'सुनते हैं' का सहारा लेते हुए कीचड़ उछालते हैं–वैसा ही उपग्रह से संप्रेषित विश्वव्यापी वायु-तरंगों में पेंगें भरती लिपि के साथ हो तो क्या यह नहीं लगता कि आदमी भले ही अंतरिक्ष में उड़ान भरे; उसके भीतर की विष्ठा उसका साथ नहीं छोड़ती। धरती को तो आदमी ने औद्योगिक ही नहीं, अपने शारीरिक, मानसिक, वैचारिक, व्यावहारिक कचरे से पाट ही दिया है, अब वह अंतरिक्ष की सूक्ष्म-संवेदित तरंगों को भी अपनी घृणा, कायरता, हिंस्रता और मूर्खता से प्रदूषित कर रहा है। क्योंकि इसके लिए उसे न हवा में उड़ने का संघर्ष करना है, न रचने का, न पहुँचने का, बस गद्दीदार कुर्सी पर अकेले बैठे-बैठे अपने निजी कंप्यूटर (पी.सी.) में मन का मलबा उँड़ेल देना है और घर बैठे दुनिया को एक करनेवाले महाअभियान को ही असंख्य टुकड़ों में; दुनिया को बाँट देने का माध्यम बना देना है।

इस पर रोक का क्या उपाय है ? ज्यादा से ज्यादा 'वेव मास्टर, केन्द्रीय मॉनीटर' से शिकायत करें और वह चाहे तो संबंधित कोड का 'चैट रूम' बंद कर दे। मगर फिर भी कोई प्रतिभूति नहीं कि विकृत लोग किसी अंतरराष्ट्रीय संस्थान या किसी बेगुनाह आदमी के 'चैट रूम' से ही घृणा का प्रसार नहीं करेंगे ! बेशक ऐसे लोग दुनिया में बहुत कम होंगे–क्योंकि विचार के क्षेत्र में घृणा को जन्म देनेवाले तादाद में ज़्यादा नहीं होते (तभी मानवता बची है) लेकिन फैलनेवाली घृणा और प्रदूषण बहुत संक्रामक होता है। इसलिए ऐसे कामों को 'गंभीरतम भूमंडलीय अपराध' मानकर बाकायदा एक वैश्विक न्यायालय द्वारा कठोर दण्ड का प्रावधान हो, तभी शायद इस प्रवृत्ति पर कुछ व्यावहारिक नियंत्रण रखा जा सकता है क्योंकि यह सिर्फ भारत-पाक के मामले में ही नहीं, दुनिया में फैले असंख्य मतभेदों, घृणाओं, द्वेषों के मामले में भी हो सकता है, हो रहा है। इसके खिलाफ हर तरह का वातावरण बने बिना तो मानव की सारी उपलब्धियाँ अमानवीकृत हो कर रह जाएँगी।

'इंटरनेट' की उपयोगिता और उपलब्धि तो बेहिसाब है ही, इसके द्वारा कुछ निजी बेहतर कामों के नमूने भी हैं। मसलन कलकत्ते में ही एक लड़की है, जिसके मन में यह भावना जागी कि वह अपनी भाषा की सुंदर कविताओं का

एक संग्रह अपने 'चैट रूम' के द्वारा विश्वभर के हिंदी प्रमियों को उपलब्ध कराए। उसने हिंदी की कई कविताएँ चुनीं और जब उन्हें दुनिया के कई कंप्यूटरों पर पढ़ा गया तो धन्यवाद और बधाई का ताँता लग गया–'आह ! हम यहाँ विदेश में बैठकर अपनी भाषा की सर्जना का स्वाद ले रहे हैं। धन्यवाद!'

[सितम्बर 1997]

15

डाक है या डाकन

कुछ घटनाएँ बड़ी अस्वाभाविक लगती हैं, जैसे रेल का समय पर आना, सरकारी कारखाने में लाभ, कार्यालय में सबका समय पर आना, किसी दिन समाचार पत्र में किसी दुर्घटना, हत्या, बलात्कार, बम विस्फोट आदि की ख़बर न होना...हम चकित रह जाते हैं यह क्या हो रहा है, कैसे हो रहा है ? जब हमारा कोई पाठक लिखता है कि 'वागर्थ' समय पर मिल गया तो हमारे लिए यह सनसनीखेज ख़बर होती है । डाक-विभाग के प्रति हमारी आस्था को बड़ा धक्का लगता है। डाक-विभाग का साहित्य-प्रेमी होना या साहित्य का डाक-प्रेमी होना ऐसा रोमांस है, जिसकी क्षति साहित्य-संवेदना के लिए एक दुर्घटना से कम नहीं ! हम इस दुःख में डूबते-उतराते होते हैं कि तभी मिलती हैं उसी से लगी तीन चिट्ठियाँ–'वागर्थ' नहीं मिला, अमुक अंक नहीं मिला। तब कहीं जाकर हमारा श्मशान-वैराग्य टूटता है। हम आश्वस्त होते हैं कि चलो 'व्यवस्था' पटरी पर है, रोमांस यथावत् है !

जब शब्दों के अर्थ बदल जाते हैं; सिकुड़ते या फैलते हैं तो भाषा-विज्ञान उसे भाषा के विकास की प्रवृत्ति कहता है और नए अर्थों को स्वीकार कर लेता है। व्यवस्था, प्रजातंत्र, राजनीति, सेवा, संवेदना, सह-अस्तित्व, आत्मा जैसे कई शब्द अब नया अर्थ ग्रहण कर चुके हैं। जब हमने इन्हें स्वीकार कर लिया है तो डाक-विभाग ने हमारा क्या बिगाड़ा है ? 'भावात्मक एकता' के इस परिवेश में हम 'डाक' का बांग्ला अर्थ और 'खाना' का हिंदी अर्थ क्यों न स्वीकार कर लें ? 'डाक' का बांग्ला में अर्थ है पुकार या आवाज लगाना और 'खाना' का अर्थ तो खाना है ही। अब 'डाकखाना' का कुल अर्थ हुआ 'हमारी आवाज या पुकार को खा जानेवाला महकमा।' कवि नासिर अहमद की एक कविता है 'प्रतीक्षा'। उनका कहना है–'पत्नी तो क्या आएगी/ख़त आएगा/माँ तो क्या बताएगी दमे का हाल/ख़त बताएगा'...आदि। परंतु कवि को यह पता होना चाहिए कि पत्नी

तो एक बार आ भी जाए, खत आना मुश्किल है, और जब तक खुद आप माँ का हाल पूछने नहीं जाएँगे, आपको पता ही नहीं चलेगा कि दमे ने कब उसका दम निकाल दिया ! इस युग में भी डाक-विभाग पर कवि का ऐसा भरोसा ! नए संदर्भों में यथार्थ की नई पहचान होनी चाहिए।

अब देखिए न, अखबारवाले सार्वजनिक कारखाने में लाभ के समाचार कितनी सुर्खियों में छापने लगे हैं ! मानो उसने कोई महाभारत जीत लिया हो; मानो यह हत्या, लूट या स्त्री के तंदूरी कबाब जैसी ही सनसनीख़ेज ख़बर हो। लोक-मत और राज-मत को ऐसी ही सूचनाएँ बदलती हैं और उद्योगों को सार्वजनिक बनाने के पैरोकार नया चेहरा ओढ़ते हैं; 'गेट' के रास्ते से 'ग्लोबलाइजेशन' का अनुष्ठानिक प्रवेश होता है ! इसी तरह समाज का विकास होता है ! हत्या के समाचार से, या स्मगलिंग की फिल्म से हत्या और स्मगलिंग का विकास होता है और देश की राजधानी में स्त्री की हत्या के बाद उसे भूनने की नई 'प्रविधि' प्रवेश करती है। दूसरी बात यह है कि निरंतर जानना या भोगना अपने समय में जीवित रहने के लिए बहुत आवश्यक है। रोज-रोज झटके झेलते-झेलते हमें उसमें लोरी का आनंद आने लगता है जैसे पुरानी पटरियों पर धड़धड़ाती रेल में मजे से नींद आती है, अगर वह रुक जाए या आवाज न आए तो हम बेचैन हो जाते हैं। हमारी व्यवस्था ने बिना शल्य-क्रिया के ही मस्तिष्क में 'शॉक आब्जर्वर' बैठा दिया है, ताकि मनुष्य पागल न हो जाए। पूरा देश पागलखाने में बदले, इससे क्या यह बेहतर नहीं है कि पागलपन को सामान्य क़रार दे दिया जाए ! दुनिया बदलने के बदले 'मन' बदल लिया जाए ! फिर न आपको कलकत्ते जैसे महानगरों का प्रदूषण सताएगा, न हाथ से रिक्शा खींचते मजदूरों की दशा, न फुटपाथ की गंदगी में पड़े हजारों लोगों की व्यथा–'साधो, मनुआ बस करि लीजै !'

हमें एक दिन अपार प्रसन्नता हुई। हुआ यह कि एक ही शहर से तीस दिन के अंतर से लिखी एक ही व्यक्ति की दो चिट्ठियाँ एक ही डाक में मिलीं। कैसा करिश्मा है, कैसी जादूगरी ! जैसे वर्षों तक भटकती आत्मा कोई शरीर धारण कर ले और पिछले जन्म की कथा कहने लगे ! कभी-कभी 'त्वरित डाक सेवा' 'साधारण डाक सेवा' को प्रोत्साहित करने के लिए स्वयं पीछे हो लेती है, मानो गुरु, शिष्य को अपने से आगे बढ़ते देखना चाहता हो (गुरु शब्द पुराने अर्थ में ले रहा हूँ)। विदेश जाने के एक मास पहले एक व्यक्ति ने वहाँ जो पुस्तक 'स्पीड पोस्ट' से भेजी थी, वह वहाँ से उसके वापस आ जाने के एक माह बाद वहाँ पहुँची ! डाक-विभाग में चाक-चौबंद व्यवस्था के लिए एक 'रजिस्ट्री' नामक संज्ञा है (क्रिया मैं जान-बूझकर इस्तेमान नहीं करूँगा क्योंकि यहाँ वह बहुत गौण है) यह खरामा-खरामा पैदल चलते हुए सैकड़ों मील की यात्रा करती है तो

जगह-जगह उसे पाथेय चाहिए, इतनी लंबी यात्रा में सुस्ताने के लिए उसे समय न देना घोर अमानवीय होगा !

कभी-कभी पाठकों और लेखकों के ऐसे क्रुद्ध पत्र आते हैं मानो डाक विभाग का संचालन 'वागर्थ' कार्यालय से होता हो, मानो उसे ही अपनी पत्रिका को आचार या मुरब्बा बनाने का शौक हो ! कभी-कभी तो पत्रिका का कोई बंडल इतना ठुक-पिट कर वापस आता है कि पहचानना मुश्किल हो जाता है। कभी महीनों तक धनादेश न मिलने की शिकायत आती है। अब ऐसी शिकायतें हम डाक-विभाग से करें तो अपनी शामत बुलाएँ। अगली बार पता नहीं क्या करिश्मा हो ! ऐसी हालत में पत्रिका की खोज-खबर रखने के लिए हम अपने पाठकों से अनुरोध करते हैं और ऐसी तमाम असुविधाओं का उत्तरदायित्व स्वयं लेते हैं। सार्त्र का अस्तित्ववाद इसी सिद्धांत पर खड़ा है कि जिन घटनाओं के आप उत्तरदायी नहीं, उनका बोझ भी आपके ही माथे पर है।

[जुलाई 1995]

16

विद्याक्षेत्र पर न्यूट्रॉन आक्रमण

कागज़ की सहसा अत्यधिक मूल्य-वृद्धि विद्या क्षेत्र पर न्यूट्रॉन बम जैसा आक्रमण है जिसमें जड़ वस्तुएँ तो ज्यों की त्यों रहती हैं, बस सजीव में से जीवन निकल जाता है। कागज़ के गगनचुंबी मूल्य का प्रभाव किस पर पड़ना है ? सरकारी तंत्र पर ? विज्ञापन बटोरनेवाले बड़े-बड़े अखबारों पर ? घटिया पुस्तकों, पत्रिकाओं पर ? किस पर ? लाख बढ़ जाएँ मूल्य, शासन तंत्र तो तब भी एक टन इस्पात बनाने में एक टन कागज खर्च करेगा; फाइलों, निमंत्रणों, प्रचारपुस्तिकाओं, पेड़ों, पोस्टरों की चमक और वज़न में कोई कमी नहीं आएगी। सड़ते रहेंगे उधार के कागज़ हज़ारों टन, गोदामों में। असंख्य फाइलों पर कुंडली मारती और पेंच लड़ाती असंख्य टीपें वैसे ही लिखी जाती रहेंगी, उन पर वैसे ही असंख्य चिड़ियाएँ मरी मिलेंगी। अधलिखे कागज़ों की गर्दनें मरोड़ कर उन्हें रद्दी की टोकरी में डाला जाता रहेगा। घटिया प्रकाशन, घटिया पुस्तकें-पत्रिकाएँ, घटिया कागज़ पर धड़ल्ले से छपते रहेंगे। पाँच सितारा संस्कृति वैसे ही चमकदार कागज़ों पर चंद चमकते औपचारिक सितारे टाँकती रहेगी। विज्ञापन के बल पर स्थूल हुए अखबार छोटे और देशी भाषा के समाचार पत्रों की कीमत पर और स्थूल हो जाएँगे। यहाँ कुछ नहीं टूटेगा, कुछ नहीं दरकेगा। लेकिन टूट जाएगी उन्नति और स्वाधीन अभिव्यक्ति की रीढ़; स्तरीय पुस्तकों, पत्र-पत्रिकाओं के प्राण सूखने लगेंगे। आज भी प्रकाशक कोई कम कहर नहीं ढा रहे हैं। लागत से पाँच-छह गुना कीमत है पुस्तकों की। कागज महँगा होने से उन्हें पुस्तकें और महँगी करने का बहाना मिल जाएगा। बढ़ता मूल्य मुनाफाखोरी का एक विचित्र किस्म का रक्षा-कवच होता है। फ़िर, एक ही वस्तु का मूल्य नहीं बढ़ता, बल्कि इस वृद्धि का संक्रमण होता है, अनेक संबंधित चीजों के मूल्य अपने आप बढ़ जाते हैं। कागज की मूल्यवृद्धि से पुस्तकों का ही नहीं, समूची लेखन-सामग्री का मूल्य बढ़ जाएगा।

इसका पहला शिकार होंगे बच्चे, जिनके शिक्षा-संस्थान खुलनेवाले हैं उनके बस्ते घटिया कॉपियों और सड़ी हुई पुस्तकों के साथ महँगाई के बोझ से और लद जाएँगे। यह आस्ट्रेलिया जैसा कोई देश नहीं, जहाँ बच्चे राष्ट्र माने जाते हों। यहाँ तो हर कोई बच्चों के बहाने माँ-बाप के वात्सल्य का शोषण करने पर तुला है। विदेशी पद्धति की शिक्षा देनेवाले लूटखोर स्कूल, महँगी पाठ्य सामग्री बेचनेवाले विक्रेता, एक-दो दिन में टूट-फूट जानेवाले खिलौनों के व्यापारी–सब तो लगे हैं 'राष्ट्र निर्माण' में ! कौन कहता है कि बच्चे संसार का सबसे नायाब जीवन हैं, इनका खिलना, फलना-फूलना राष्ट्र का फलना-फूलना है। इन्हें सब कुछ सुंदर, सहज उपलब्ध होना चाहिए–वातावरण से लगाकर निब तक। यदि यह सोचा जाता तो इस निरक्षरता के बोझ से दबे गरीब देश में बच्चों की पठन-सामग्री सस्ती होती; बच्चों के पोषण से शिक्षण तक हर चीज साधारण परिवार के हाथों की पहुँच में होती। कागज़ के बारे में दोषपूर्ण नीति बनानेवालों की आँखों में अखबार तो जरूर रहे होंगे–बच्चे नहीं, यानी भय रहा होगा, प्रेम नहीं।

'कागज़ महँगा हो गया'–प्रकाशक कहता है; 'कागज़ महँगा हो गया' कहता है दुकानदार; महँगा हो गया है कागज़–पत्र-पत्रिकाएँ कहती हैं; यहाँ तक कि सरकार भी कहती है', कागज़ महँगा हो गया ! जैसे कहा जा रहा हो कि भूकंप आ गया, प्लेग फैल गया या पहाड़ से ग्लेशियर लुढ़क पड़ा ! यानी हम क्या करें, क्या कर सकते हैं–सिवाय पुस्तकें, पत्र-पत्रिकाएँ पाठ्य-सामग्री महँगी करने के; सस्ते कागज़ पर छापने या प्रकाशन बंद करने के ! न तो कागज़ सस्ता करने के लिए सरकार पर जोर डाला जा सकता है, न मुनाफाखोरी कम की जा सकती है ! यह सहिष्णु देश है, फिर विद्या का क्षेत्र तो वैसे भी संस्कार, सभ्यता का ऋषि-आश्रम है–यहाँ जोर से बोलने से शीलभंग होने का खतरा है ! हम तो केवल यह सूचना ग्रहण कर उदास हो लेते हैं कि कागज़ महँगा हो गया। जबकि हर प्रकार के तंत्र और लाभ-केंद्र के लिए कागज़ का मूल्य बढ़ जाना एक महिमामंडित सूचना है।

क्या कागज़ का मूल्य बढ़ानेवालों ने पल भर को भी सोचा कि इसके दूरवर्ती परिणाम कितने भयावह होंगे ? हमारे वैचारिक, सांस्कृतिक, भावनात्मक जीवन पर, यहाँ तक कि हमारी अभिव्यक्ति की स्वतंत्रता पर प्रहार कितना निर्मम होता जाएगा ? स्तरीय प्रकाशन या तो कम होंगे या निम्न स्तर के होंगे। लिखित सामग्री के अभाव या पहुँच से दूर होने पर हमारी पीढ़ियाँ उन माध्यमों की ओर अधिक मुड़ेंगी, जिनके द्वारा संक्रमित कुसंस्कारों पर हम आए दिन चिंता या बहस करते रहते हैं। क्या व्यवस्था को यह नहीं मालूम कि सामाजिक विकास करनेवाली कुछ ऐसी चीज़ें भी हैं जिनके प्रति विलासिता की वस्तुओं जैसी नीति

नहीं अपनाई जा सकती ? यदि ऐसी वस्तुओं के मूल्य नियंत्रण का कोई उपाय नहीं है तो इन्हें छूट की सीमा में क्यों नहीं लाना चाहिए ?

इधर हिंदी प्रकाशन-व्यवसाय है जो मशीन के पुर्जों, कपड़ा, लोहा, सीमेंट, जैसे व्यवसाय की होड़ लेना चाहता है। इसे बांग्ला प्रकाशकों से कुछ जरूर सीखना चाहिए, जो बड़े-बड़े लेखकों की पुस्तकों का मूल्य 30-35 रुपए रखते हैं, जबकि उसी आकार की पुस्तकें हिंदी में 150-200 से कम नहीं होतीं। यहाँ तक कि बांग्ला में जिस पुस्तक का मूल्य 30 रुपए है उसी के हिंदी अनुवाद का मूल्य 200 रुपए है। क्या बांग्ला प्रकाशकों को कागज़ सस्ता मिलता है ? या छपाई की दरें दिल्ली-इलाहाबाद-मेरठ आदि से कम हैं ? उत्तर सभी जानते हैं। फिर भी बांग्ला पुस्तकों के कम मूल्य प्रकट करते हैं कि प्रकाशकों का ध्यान थोक खरीदी की ओर न होकर पाठक-केंद्रित है, वे अपने को इस वृहत्तर समाज का उत्तरदायी भाग मानते हैं। यही स्थिति कमोबेश अन्य भारतीय भाषाओं में भी है फिर हिंदी में ऐसा विपर्यय क्यों है ?

प्रकाशन व्यवसाय की इस सामाजिक भागीदारी और पुस्तकों के मूल्य की भूमिका भी बांग्लाभाषी समाज के पुस्तक-प्रेम में अवश्य ही है। कलकत्ता में प्रतिवर्ष आयोजित पुस्तक मेला इसका उदाहरण है। क्या ही रोमांचक भव्य उत्सव होता है यह ! मानो सामूहिक ज्ञान-यज्ञ हो रहा हो। यह प्रकाशन और पठन के सही संबंध की एक मिसाल है। क्योंकि किसी भी समाज का अपने साहित्य से गहरा प्रेम उन समस्त अंगों से मिलकर बनता है जो किसी देह को पूर्णता देते हैं। साहित्यिक, सांस्कृतिक और बौद्धिक उन्नयन सामूहिक भागीदारी के बिना नहीं हो सकता। यह कहना कोई नई बात नहीं है। परंतु इस मामले में भी हिंदी भाषी समाज बंगाल से अवश्य ही प्रेरणा ले सकता है और कलकत्ता जैसे महानगर का हिंदी समाज लेता भी है। वागर्थ के पहले अंक की जितनी प्रतियाँ यहाँ बिकीं उतनी शायद ही किसी अन्य भाषा-क्षेत्र में बिकतीं। एक अच्छी पत्रिका को स्वप्न की तरह लेने और सक्रिय योगदान से उसे आकार देने में जो तत्परता यहाँ दिखाई देती है वह ऐसे ही संस्कार संपन्न रचाव की सूचना देती है। जो भी संस्थाएँ अक्षर-विश्व से जुड़ी हैं वे वास्तव में सामाजिक, राष्ट्रीय और मानवीय मूल्यवत्ता से जुड़ी हैं—इस बोध के बिना न तो इस क्षेत्र पर होनेवाले आक्रमणों के प्रतिकार की भावना पैदा होगी और न ऐसी विधियों की खोज होगी जिनसे यह समृद्ध हो।

पुस्तकालय संस्कृति का भी निरंतर ह्रास होना चिंता का विषय है, परंतु इस क्षेत्र में भी पुस्तकालय के संचालकों की ओर से पहल होनी चाहिए। ताकि अव्यवस्थित; बासी से लगनेवाले पुस्तक-परिवेश से पाठक के मोहभंग और छूटे हुए अभ्यास की कड़ी को फिर से जोड़ा जा सके। कम से कम यहाँ तो

पारस्परिक लाभ का वह गुप्त समझौता नहीं होना चाहिए जिसे भ्रष्टाचार कहते हैं; वह आलस्य और जड़ता तो नहीं होनी चाहिए जो आदत बन चुकी है। प्रबुद्ध पाठक को भी इस समूचे दुश्चक्र के प्रति सावधान होना होगा। विद्या-क्षेत्र के लोग यदि इस बहाने अपने देश और समाज के बारे में नहीं सोचेंगे तो फिर सोचना किनके हाथों में बचा रहेगा और उसका क्या हश्र होगा, इसके उदाहरण हमें क्या आए दिन नहीं मिल रहे हैं ?

[जून 1995]

17

सिर्फ शोकगीत नहीं

स्टोव्ह फटा–जैसे बाँध टूटा हो। चंद मिनटों में सारा प्रांगण आग की फुँफकारती लहरों में डूब गया। जलता हुआ कोलाहल–भगदड़ में कुचल गया था एक बूढ़ा पुस्तक प्रेमी ! प्राण और पुस्तक बचाने की दोहरी व्याकुलता का अंत एक लावारिस शोकाकुलता में हुआ। सैकड़ों आँसू उमड़ पड़े। जब सब कुछ स्वाहा हो जाए तो दमकलें आकर भी क्या कर सकती हैं ? दर्द से मरती किताबों का खून बहता रहा मिट्टी की उजाड़ आँखों से, देर तक। जवान दग्ध शव पसरा रह गया हजारों वर्गमीटर में। झुलसी उँगलियों जैसे बचे रह गए कुछ देह-चिह्न, शवगृह का उदास सन्नाटा और हवाओं की मृत-गंध।

एक जंगल जो अपनी सार्थकता की पराकाष्ठा में सजधज कर महानगर में आया था–दावाग्नि की भेंट चढ़ गया ! एक पारावार जो ज्ञान की बहुलता में उछालें ले रहा था–निगल लिया गया बड़वाग्नि के सुरसा-मुख से; विद्या-समिधाएँ जो घंटों, दिनों और पूरे-पूरे जीवनों ने किसी सृष्टि-यज्ञ के लिए सहेजी थीं–धूँ-धूँ करते अनस्तित्व में बदल गईं। यहाँ बहुत कुछ मरा था एक साथ–ज्ञान, विज्ञान, विचार, कला, भाव, इतिहास, पुरातत्त्व, सभ्यता, समय और भीतर तक भर देनेवाला कोई अकूत अथाह। बहुत कुछ व्यर्थ हुआ था–असंख्य लेखकों, कलाकारों, चिंतकों, श्रमिकों, प्रूफ रीडरों; कंपोज़िटरों, मशीनमैनों का साधना-श्रम। बंगाल ने देखे थे हुगली में चढ़ते दुर्निवार आक्रामक बेड़े; दुर्द्धर्ष अकाल, विभाजन का घृणा-रक्त··· और अब एक और सती-देह भस्म हुई थी दक्ष-यज्ञ में।

कुछेक हैरत कर सकते हैं कि ऐसा क्या हो गया, जो इतना हाहाकार मचाया जा रहा है, जबकि देश की आकाशवाणी और दूरदर्शन के लिए यह उस दिन की अंतिम ख़बर थी; पड़ोसी देश के चुनाव, स्थानीय नेताओं की नोक-झोंक, कोई छोटा-मोटा हादसा–इसकी तुलना में अधिक महत्त्वपूर्ण खबरें जो

थीं ! इस पर क्या टिप्पणी की जाए ! यह देश तो पचा गया भोपाल गैस त्रासदी को भी, जिसकी याद आज भी विदेशियों तक को कँपा देती है। विश्व की सबसे बड़ी रांसायनिक और औद्योगिक दुर्घटना को एक दिन का भी राष्ट्रीय शोक नसीब नहीं हुआ, मानो यह किसी भूतपूर्व नेता की मृत्यु से भी छोटी घटना हो। डबवाली में सैकड़ों बच्चे जल मरे, बारापदी में दग्ध शवों के स्तूप बन गए–क्या ये स्थानीय दुर्घटनाएँ हैं ? अगर जीवित हो और पक्षाघात ग्रस्त न हो तो एक अंग में सुई चुभते ही पूरा शरीर झनझना उठता है। ऐसा न हो तो क्या समझा जाए ? आह और कराह एक घर से दूसरे घर में, एक प्रदेश से दूसरे प्रदेश में यदि मामूली खबर बनकर पहुँचे तो क्या समझा जाए ? राष्ट्रीय एकता और भावात्मक सद्भाव पर पचीसों संगोष्ठियों और भाषणों से क्या देश एक होता है ? पुस्तकों के सामूहिक मरण को यदि राजनीति और प्रशासन तंत्र ने कुछ करोड़ की संपत्ति का क्षय मान लिया हो और वह उसे हल्के से छूकर उड़ गया हो या वह उसके लिए तकनीकी शोक-संदेश का नस्तीबद्ध पुर्जा भर हो तो उसकी मुर्दा हालत को देखकर उसे कोसा भी क्या जाए ?

29 जनवरी 1997 को भारत का सबसे बड़ा पुस्तक मेला, जिसे मैं 'पुस्तक उत्सव' कहना चाहूँगा, कलकत्ता में प्रारंभ हुआ। फ्रांस से उद्घाटन करने आए थे देरिदा। मुख्यमंत्री ज्योति बसु ने मेले का पहला तोहफा दिया था–स्वयं पर लिखी एक पुस्तक ! हर साल से ज्यादा सजावट और सुंदरता। सुरुचि और सज्जा में बंगाल का कोई जवाब नहीं; और जवाब नहीं बंगालियों के पुस्तक-प्रेम का। यहाँ दो ही उत्सव सबसे बड़े होते हैं–दुर्गा पूजा और पुस्तक मेला। मील भर लंबी कतार में खड़े रहकर पुस्तक मेले का टिकट खरीदने का दृश्य कम-से-कम हिंदुस्तान में दुर्लभ है। और भीतर जाकर लोग तमाशा नहीं देखते, 'बोई' खरीदते हैं। बाहर निकलते लोगों के हाथों में किताबों की छोटी-बड़ी थैलियाँ और उसी परिमाण में मुख पर गर्व और संतोष साफ पढ़ा जा सकता है। किताबों से ऐसा प्यार और उन पर ऐसा अभिमान हर लेखक को गद्गद कर सकता है। बांग्ला लेखक को अपने पर गर्व है तो यूँ ही नहीं है; वह दिया है इस पुस्तक प्रेमी सामूहिक संस्कृति ने। प्यार करनेवाले जहाँ हों, वहाँ प्यार पानेवाला इठलाता ही है। कुछ मंडपों के आगे लंबी-लंबी कतारें सिर्फ लोकप्रिय सिनेमा की खिड़की पर ही देखी जा सकती हैं। अब भी क्या पीड़ा नहीं होनी चाहिए इस हानि और क्षय की ?

कभी-कभी लगता है कि नाहक भाग रहे हैं हम विदेशों के पीछे। अपने ही देश के एक भाग से दूसरे भाग के लिए सीखने को बहुत कुछ है। जैसे कवि अनेक रूपों में से चुन-चुन कर अपना अद्वितीय रूप-लावण्य रचता है–वैसे ही क्या हम अपने देश के विरल-विशिष्ट से चुनकर देश की एक अनुपम लावण्य-

मूर्ति नहीं रच सकते ? कलकत्ता से कला और ज्ञान की तृषा, मुंबई से गति और व्यवस्था, चेन्नई से सांस्कृतिक निष्ठा, बिहार से जुझारूपन, पंजाब से मस्ती, मालवा से सरलता, लखनऊ से नफासत, बंगलौर से वास्तु⋯यानी देश के प्रत्येक भाग से कुछ विरलता, विशिष्टता⋯और उधर प्रकृति है हिमालय से उजलापन और अडिगता, नदियों से निर्मलता में बिखरी धानी संपन्नता, वनों से उन्मुक्त उदात्तता⋯ सब कुछ मिलकर कितना कुछ अकूत अद्वितीय हो सकता है !

देश के एक भाग से दूसरे का रचनात्मक संबंध स्थापित करने का सबसे बड़ा माध्यम मेले रहे हैं। सांस्कृतिक, धार्मिक और व्यापारिक मेलों से कहीं अधिक महत्त्व रखते हैं पुस्तक मेले। लेकिन इस बार ही नहीं, पहले भी मुझे लगा है कि इस पुस्तक मेले में या तो बंगाल है या विदेश ! अबकी फ्रांस, जर्मनी, ब्रिटेन, क्यूबा, कोलंबिया, अर्जेंटीना आदि के मंडप बड़ी भव्यता में सजे थे; बांग्ला को तो यहाँ पूरी संपन्नता में होना ही था; परंतु अन्य भारतीय भाषाओं के मंडपों का प्रायः अभाव था। यह बात स्वयं ही इस बहुभाषी देश के (इतने विराट) पुस्तक मेले की संस्कृति के विपरीत जाती है। ठीक है कि देशी भाषाओं के मंडपों में आपको वैसी चमक-दमक तो नहीं मिलेगी (और शायद विदेशी मुद्रा भी) लेकिन देश तो मिलेगा; अपनी समग्रता में उसका सोच, उसका वैविध्य, उसका ज्ञान, उसकी सर्जना तो मिलेगी। दक्षिण, पश्चिम और उत्तर की; और स्वयं पूर्व की अन्य भाषाओं की यहाँ प्रायः अनुपस्थिति; अतिथि ही नहीं, आतिथेय के अनाग्रह और अनचाहत से भी उपजी है। जिस तरह बंगाल या कलकत्ता में एक छोटा भारत बसा हुआ है वैसा ही पुस्तक मेला में भी हो तो क्या फिज़ाँ बनेगी; इसका अनुमान लगाया जा सकता है। बंगाल से अगर दूसरों को बहुत कुछ मिलेगा तो बंगाल भी उनसे कुछ न कुछ सीखेगा ही। मेले में प्रमुख भारतीय भाषाओं या विभिन्न प्रदेशों के लिए (प्रादेशिक सरकारों के लिए नहीं) एक-एक मंडप निर्धारित क्यों नहीं किया जाता ? (कुछ अन्य प्रदेशों के प्रकाशक आए भी थे परंतु वे मुख्यतः अंग्रेजी के थे। गिने-चुने हिंदी प्रकाशक भी थे।) बांग्ला देश को छोड़ कर कोई पड़ोसी राष्ट्र भी यहाँ नहीं था–दूर देश थे, अपनी चमक-दमक के साथ; विश्व बैंक और अंतरराष्ट्रीय मुद्राकोष तक था ! (इन दिनों देश का राजनीतिक मानस किस दिशा में बढ़ रहा है, यह इसका एक उदाहरण है।) यह ठीक है कि सारे प्रदेश और विदेश तो यहाँ नहीं आएँगे, परंतु प्रश्न आयोजन की व्यापक दृष्टि और इच्छा का है।

बहरहाल। जो भी था, किसी भी दृष्टि से कम मूल्यवान नहीं था, जो मेले के चौथे दिन आग की भेंट चढ़ गया। लोग कहते हैं कि यह 'बुक फेयर' को 'फूड फेयर' बना देने का नतीजा है। हो सकता है–और कोई न कोई कारण तो होता ही है जिस पर हम दुर्घटना का पूरा बोझ डालकर मुक्त हो लेते हैं।

बारापदी या डबवाली में तो स्टोव्ह नहीं था। असल में उत्सव के पीछे छिपे अनुत्सव को, जीवन के पीछे छिपी मृत्यु को, सफलता के पीछे छिपी असफलता को न देख पाना या न देखना चाहना अधिकतर दुर्घटनाओं के मूल में होता है। हम जिसे व्यवस्था कहते हैं, उसका पहला और बुनियादी लक्षण दुर्घटनाओं, असुरक्षाओं, विफलताओं के अदृश्य चेहरे को पहचानकर उसके अनुसार प्रतिरोधक उपायों की सन्नद्धता है। यह भी कोई बात है कि इतने बड़े मेले में सिर्फ एक ही दमकल हो, और वह भी वक्त पड़ने पर बेदम। जहाँ इतनी संख्या में ऊर्जस्वित मानव-समुदाय एकत्र होता है, वहाँ प्रशासन का यह चेहरा कितना बुझा और ठंडा लगता है। यही भोपाल, बारापदी और डबवाली में हुआ। मुझे लगता है कि जैसे-जैसे जनसंख्या बढ़ती और सघन होती जाएगी; मनुष्य के पास त्वरित संवेदनशील यंत्रों की विपुलता होती जाएगी; दुर्घटनाओं के चेहरे अधिक अनिश्चित, अधिक भ्रांत और अधिक विकृत होते जाएँगे। जब आदमी तीर चलाता था, तब सिर्फ एक मरता था, लेकिन जब बम चलाने लगा तो मृत्युएँ असंख्य हो गईं। विनाश की यह गति निरंतर बढ़ रही है। प्रतिरोधक साधनों के प्रयोग की अकुशलता और धीमापन निश्चय ही उसे भयानकता की चरम सीमा तक पहुँचा सकता है। भारत जैसे अर्द्धविकसित या विकासशील देश ने एक-से-एक संवेदनशील उपकरण तो आयात कर लिए, लेकिन संचालनशील मेधा को उतना त्वरित और संवेद्य नहीं बनाया। नतीजे में या तो उनका उपयोग ठीक से नहीं होता या कहें, आदमी ही पिछड़ जाता है। यांत्रिकता से मुनष्य का यह विषम संबंध कई घातक परिणामों को जन्म दे सकता है।

बड़े और संवेदित उपक्रमों से जुड़ा दिल-दिमाग भी तो बड़ा और स्फूर्त होना चाहिए। परंतु वह निरंतर आत्मकेंद्रित और औपचारिक हुआ जा रहा है। यह मनुष्य ही तो प्रशासन और शासन का हिस्सा है जो उसे भी औपचारिकता में बदल देता है। नतीजे में हम उससे जिस व्यापकता, संवेद और सजग चिंता की उम्मीद करते हैं—वह सिरे से नदारद मिलती है। बड़ी दुर्घटनाएँ व्यवस्था के बड़े सोच और बड़ी संलग्नता के बिना टाली नहीं जा सकती। जब आदमी हर काम में अपने हानि-लाभ और स्वार्थ की खोज करता हो तो उसका मानसिक दायरा और उसकी कर्मण्यता का परिसर आखिर कितना व्यापक हो सकता है ? नतीजे में बड़ा जन-समाज जल रहा होता है, ज्ञान और भाव-राशि स्वाहा होती रहती है, जलते हुए बच्चे चीख रहे होते हैं और आग बुझाने के लिए खड़ी दमकलों में या तो ड्राइवर नहीं होते, या उनमें ईंधन नहीं होता, या वे खराब पड़ी होती हैं या अफसर और आग बुझानेवाले छुट्टी मना रहे होते हैं या मंत्री का कार-काफिला निकल जाने तक दमकलें इंतज़ार में खड़ी होती हैं—और जल जाती हैं पुस्तकें, शव हो जाते हैं बच्चे, जिंदा दफन हो जाते हैं झोंपड़ी में सोए परिवार।

हम जिस तेजी से वस्तुओं की विपुलता से घिरते चले जा रहे हैं, उसी तेजी से स्वयं वस्तु बन रहे हैं—इस हद तक कि मनुष्य और चीज का अंतर समाप्त हो रहा है। रेल दुर्घटना के समय गिरोह के गिरोह चल पड़ते हैं यात्रियों की जेबें और अटैचियाँ टटोलने के लिए; घाव और नब्ज टटोलने के लिए नहीं। यहीं जाकर तो वस्तुएँ मनुष्य से भी बड़ी हो जाती हैं। किसी बनती इमारत के ढहने पर कोई दुखी होकर कहता है 'हाय मेरा इतने लाख का नुकसान हो गया' अगर उसके लिए वस्तु से प्राण बड़े होते तो कहता 'हाय कितने मजदूर मर गए, कितने दब गए !' वस्तुओं ने मानव-चेतना को इस कदर आक्रांत किया हुआ है कि पुस्तक मेले की दुर्घटना पैसों में आँकी जा रही है ! विपुल आक्रामक वस्तु-संसार को मनुष्य से छोटा बनाए बिना इंसानियत का भविष्य सुरक्षित नहीं रह सकता, क्योंकि इससे बहुत-सी बातें निर्धारित होती हैं—हमारा सामाजिक सोच, हमारा मानसिक परिसर, हमारी कर्मण्यता… और वह सब कुछ जो एक सामाजिक मनुष्य होने के लिए जरूरी है।

भले ही 21 पुस्तक मेलों के बाद भी बंग सरकार मेला-स्थल का स्थायी निर्माण नहीं करा सकी हो, लेकिन यह हिकमत भी बंगाल की ही है, और त्वरित संवेदनशीलता भी (सरकार को भी धन्यवाद) कि चार दिन में ही इतना विशाल और पस्त पुस्तक मेला फिर से उठ खड़ा हुआ—हालाँकि उदासी और भीतरी टूटन तब भी थी—आसन्न ध्वंस पर खड़ी सृष्टि की तरह। प्लेग से उजड़े गाँव में जैसे श्लथ चरण ग्रामवासी लौट रहे थे। यह थी अपसृष्टि पर सृष्टि की विजय, पुनर्निर्माण की जिजीविषा, बंगाली पुस्तक प्रेमी के घाव पर मरहम लगाने का उपक्रम। आधे-अधूरे पंडाल… किताबों की तरह बिछे थे विक्रेता अपने-अपने मंडप में। उदास लेखक जमा थे वेदना में भागीदारी के लिए। एक मौन किंतु गहरा संबंध लेखक-पाठक-प्रकाशक-विक्रेता का साँस की तरह वातावरण में हिल रहा था। यह जीवट, यह परस्परता, यह मरणोपरांत नए सृष्टिचक्र का संचालन… सचमुच अपूर्व था।

कहते हैं विपदाएँ या दुर्घटनाएँ हमें बहुत कुछ सिखाती हैं। परंतु हम सीखते कितना हैं ! मेले के पुनर्जीवित होने पर मैंने देखा—एक पुस्तक की दूकान से सटा था एक कैंटीन, बीच में सिर्फ एक कपड़ा था और स्टोव्ह जल रहा था, उस पर गरम-गरम पकौड़ियाँ नाच रही थीं।

[मार्च 1997]

18

भाषा बनाम विश्वास का संकट

छठे दशक का लेखक क्रुद्ध था कि राजनीति ने भाषा को भ्रष्ट कर दिया है; शब्दों से उनके सही अर्थ छीन कर उन्हें छद्‌म अर्थ पहना दिए हैं। संसद, संविधान, कानून, जनहित, न्याय, अधिकार, साक्ष्य, जाँच, शपथ जैसे ढेरों शब्द अपना असली अर्थ खोकर बदशक्ल हो चुके हैं। शब्द, भले ही, अच्छा या बुरा कोई भी अर्थ प्रकट करता हो, जब अपना असली अर्थ खो देता है तो वह बदशक्ल हो जाता है। (यहाँ मैं भाषा वैज्ञानिक या काव्य शास्त्रीय बहस नहीं कर रहा हूँ, व्यवहार में 'विश्वास की भाषा' की बात कर रहा हूँ।) भाषा का भ्रंश अंततः सामाजिक, मानवीय मूल्यों का भ्रंश है। कल्पना कीजिए कि एक मनुष्य दूसरे मनुष्य से जो कहे उसका वही अर्थ न हो जो भाषा प्रकट करती है या ऐसे अनुभवों की पुनरावृत्ति के कारण दूसरा व्यक्ति उसे उसी अर्थ में न लेकर उसमें अनर्थ या अन्य अर्थ खोजने लगे तो क्या होगा ? यह मनुष्य का मनुष्य पर से विश्वास उठने का मामला है जो सामाजिक विशृंखलता का पहला और अंतिम चरण है। पहला इसलिए कि भाषा को मनुष्य ने परस्पर संवाद और सही संप्रेषण के लिए गढ़ा है और अंतिम इसलिए कि आगे चलकर मनुष्य का कर्म भी भाषा के मूल अर्थ का नहीं, उसके भ्रंश का रूप ले लेता है। यह इस तरह होता है कि छद्‌म अर्थ का वहन करते-करते भाषा अंततः हमारे कर्म को ही छद्‌म में बदल देती है। क्या हम भाषा को भ्रष्ट करने की परिणति राजनीतिक और सामाजिक जीवन के चरम पतन में नहीं देख रहे हैं ? नैतिकता और अध्यात्म की लंबी और सुदृढ़ परंपरा के बावजूद शती के छोर पर लटके हम, भ्रष्टाचारी देशों की पाँत में चौथे नंबर पर पहुँच चुके हैं। (और अभी तो शती का अंत होने में चार साल बचे हैं !)

लेकिन आज, क्रिकेट के 'इस' खेल में देशों की राजनीति तो गेंद और बल्ला भर रह गई हैं; खेल रहा है इसे भूमंडलीकरण (ग्लोबेलाइजेशन) का विश्व-

व्यापार; और इसकी जिम्मेदार भी राजनीति ही है जिसने समय के केंद्र को अपने में से निकालकर खुद को विश्व-बाजार के हवाले कर दिया है। यह इस तरह हुआ कि किसी जमाने में जय-पराजय का फैसला शस्त्रों से होता था; बाद में यह ठंडी लड़ाई से होने लगा, जिसमें शस्त्रों का इस्तेमाल गौण हो गया और शस्त्रों का व्यापार और भंडारण ही जय-पराजय का निर्णायक हो गया। इसमें गुप्त राजनय और गुप्त (काला) धन की साझा भूमिका रही जो आगे चलकर आर्थिक साम्राज्यवाद में परिणत हो गई; जिसे वैश्वीकरण का दिखावटी नाम दिया गया। इसमें होड़ उत्पादन अथवा वस्तु की मौलिकता, शुद्धता या विश्वसनीयता की नहीं है–प्रचार युद्ध की है। इसमें जीत अंततः समृद्धतम की ही होनी है।

आर्थिक साम्राज्यवाद की सफलता के लिए आमतौर पर शांति की जरूरत होती है और दूसरी ओर मनुष्य की युद्ध पिपासा की पूर्ति के लिए उसे छोटी-छोटी लड़ाइयों में उलझाने की भी। देशों में अंदरूनी घुसपैठ, आतंकवाद, अंतर्जातीय– या यदि वह संभव न हो तो– तालिबान जैसे जातीय युद्ध; शिखर, गुंबद, झंडे, केन्वास वगैरह के साथ शारीरिक सुलूक जैसे छोटे-छोटे युद्धों को इस 'महाशांति' के लिए जारी रखा जाता है। अगर इन्हें संचालित करनेवाले छिपे हाथों को पहचाना जा सके तो हमें लगेगा कि हम किन हाथों में खेल रहे हैं ! यह मिसाइल की मार है जिसमें यह नहीं दिखता कि कहाँ से छोड़ी गई है, सिर्फ यह दिखता है कि कहाँ गिरी है ? क्या यह अकारण हुआ है कि जहाँ एक ओर निरर्थक झगड़े-फसादों पर बहसें हो रही हैं वहीं सहसा और बेहद बढ़ गई महँगाई पर कोई नहीं बोल रहा है। मानो राजनीति और समाचार-माध्यमों के लिए यह कोई मुद्दा ही न हो !

अब आप ही देखिए कि एक ओर 'विश्व ग्राम' (ग्लोबल विलेज) का हल्ला मचाया जा रहा है, लेकिन दूसरी ओर ऐसे अनुसंधान प्रचारित किए जा रहे हैं कि पुस्तक़ालयों की पुस्तकों में रोगाणु (बैक्टीरिया) रहते हैं। लोग खाँसते-छींकते पुस्तकें पढ़ते हैं, बीमार लोग भी पढ़ते हैं। याने पुस्तकालय जैसे ज्ञान के सामूहिक केंद्रों का निषेध ! यह विचार (या अनुसंधान) अपने आप में कितना भयावह है ! क्योंकि यह पुस्तकों का व्यक्तिगत संपत्ति के रूप में अधिग्रहण सीमित करता है। जो आम आदमी के बूते की बात नहीं। परंतु इसके निहितार्थ बहुत दूर तक जाते हैं। लोग समूह में बैठते-उठते हैं, सभाओं में इकट्ठा होते हैं, रेलों-बसों में सामूहिक यात्रा करते हैं–इनमें से जरूर कुछ बूढ़े होंगे, कुछ बीमार, कुछ के कपड़े गंदे होंगे, किसी के शरीर से बू भी आती होगी–तो समूह में बैठने-उठने और यात्रा करने का निषेध ! यह न केवल यातायात या अन्य साधनों के निजीकरण का सुझाव है बल्कि समाज से कटकर अलग-थलग बने रहने का संदेश है। क्योंकि समूह का विखंडन निहित स्वार्थों की सिद्धि का

जरूरी सोपान है। एक अमरीकन सुंदरी कलकत्ता आई थी, वातानुकूलित कार का सिर्फ एक बार काँच उतारने पर, दूसरी गाड़ी का धुआँ नाक में घुसते ही वह बेहोश हो गई ! यह 'विश्व ग्राम' की परिकल्पना करनेवाले देश के द्वारा तैयार नागरिकता का एक 'मॉडल' है। 'भूमंडलीकरण' में किस 'भू' का पूरी दुनिया के इर्द-गिर्द 'मंडलीकरण' हो रहा है यह किसी से छिपा नहीं है। और यह भी कि भाषा को भ्रष्ट करने का काम अब देशों की राजनीति से निकलकर सीधा इस भूमंडलीकरण के हाथ में चला गया है।

अब तो लगने लगा है कि चीजें भाषा और भाषा की चिंता करनेवालों के हाथ से निकल चुकी हैं, क्योंकि एक ओर समाज को जिन शक्तियों ने दबोच रखा है, उनके लिए भाषा की पवित्रता बेमानी हो चुकी है। जनता के सहारे जीतकर जनता को ही पराजित करनेवाली सत्ताओं को क्या किसी विवेक संगत तर्क और जन-विश्वास की जरूरत रह गई है ? और दूसरी ओर खुद शस्त्रों के जखीरे और बेक्टीरियल (कीटाणु) बम अपने पास रखकर दुनिया भर को निःशस्त्रीकरण-संधि पर हस्ताक्षर करने को मजबूर करनेवाले देशों के क्या कोई नैतिक-मानवीय मूल्य रह गए हैं ? फिर उन्हें क्यों होने लगी विश्वसनीय भाषा की जरूरत ! लेकिन साहित्य को अब भी है।

किसी समय स्टीफेन स्पेंडर ने कहा था कि राजनेताओं, वैज्ञानिकों और युद्ध नायकों की कारगुजारियों का जवाब लोग साहित्यकार से माँगते हैं।–देखने में यह विचित्र लगता है, लेकिन इससे साहित्य के प्रति लोगों के आत्यंतिक विश्वास की झलक भी मिलती है क्योंकि जो उत्तरदायी होगा उसी से तो उत्तर माँगा जाएगा। परंतु आज यह कितना कठिन हो गया है ? आचार्य शुक्ल का अनुमान था कि मनुष्य पर सभ्यता के आवरण जैसे-जैसे चढ़ते जाएँगे वैसे-वैसे कवि-कर्म कठिन होता जाएगा। परंतु संभवतः वे किसी सरल गति से घटित होने वाले क्रम की बात कह रहे थे, उन्हें यह अनुमान नहीं रहा होगा कि एक ऐसा युग भी आएगा जिसमें 'सभ्यता' सहसा इतनी आक्रामक और विस्फोटक हो उठेगी कि साहित्य को ही असंभव या अविश्वसनीय बना देगी–कविता पर आवरण चढ़ाना तो दूर, वह उसे समूचा खारिज कर कंप्यूटर कविता की रचना करने लगेगी।

नई सभ्यता ने ऐसे तार्किकों को पैदा कर दिया है जिन्होंने साहित्य के क्षेत्र में लाशें बिछा दी हैं–कविता, कहानी, उपन्यास–यहाँ तक कि विचार की एक-एक कर मृत्यु घोषणाएँ कर दी गई हैं। मानो इस तरह उन्होंने समय को परिभाषित कर दिया हो ! ऐसी असंदिग्ध घोषणाएँ किसी साफगोई या यथार्थ-दृष्टि को प्रकट नहीं करतीं, बल्कि बौद्धिकता और मानवीय चिंता की पराजय को ही रेखांकित करती है। क्या समय के प्रवाह में अपने को बह जाने देना या

उसी के अनुरूप तर्क गढ़ना बौद्धिकों का एकमात्र शगल रह गया है ?

नतीजा क्या होता है ? इसी प्रवाह के चलते सारा बुद्धि और भाव-व्यापार संदिग्ध हो जाता है। क्या आज विद्या-कर्मियों को यह नहीं सोचना चाहिए कि वे लगातार क्यों अविश्वसनीय और अप्रासंगिक होते जा रहे हैं ? उनके शब्द पर से यहाँ तक कि लेखन मात्र से लोगों का विश्वास क्यों उठता जा रहा है ? आप कविता लिखें, कहानी लिखें, किसी राजनैतिक घटना पर, व्यक्ति पर कोई टिप्पणी करें या किसी पुस्तक का आकलन ही क्यों न करें; पाठक उसमें सच्चाई की बजाए आपका कोई निहितार्थ खोजता है; उससे आपके स्वार्थ या स्वार्थघात के रिश्ते जोड़ता है। यह यों ही नहीं घटित हुआ है। उसने इसे कई-कई बार महसूस किया होगा; लेखन कर्मियों के शब्द और कर्म में विसंगतियाँ देखी होंगी; उन्हें उसने सत्य से डिगते हुए; वक्त की आँधी में उड़ते हुए और संकुचित तथा निहित स्वार्थ में लिप्त होते हुए पाया होगा। तभी विद्या कर्म के प्रति उसमें अविश्वास पनपा है। यह दुर्भाग्यपूर्ण है, क्योंकि समूचा शब्द-कर्म ही आस्था-कर्म है। इसके खंडित हो जाने पर सबसे बड़ी दुर्घटना यह होती है कि छद्म के साथ सच भी खारिज हो जाता है। नतीजे में संजीदा लेखक जबरदस्त कुंठा का शिकार हो जाता है। उसे यह डर सताने लगता है कि अगर वह सच भी लिखेगा तो भी उसमें तरह-तरह के अनर्थ खोजे जाएँगे। उसका साहित्य भी भीड़ में शामिल कर दिया जाएगा। तब वह क्यों लिखे ?

यों, सामान्य जनता आमतौर पर विश्वासी होती है, वह जिसे संत, नेता, समाज सुधारक, विद्वान, कवि मानती है, तो, तब तक मानती ही चली जाती है जबतक उसका विश्वास अंतिम रूप से टूट नहीं जाता। जनता का एक और स्वभाव है, वह निराशा में भी आशा की लौ जगाए रहती है; वह घोषित अपराधी को भी सुधरने के लिए एक और पारी खेलने का मौका देती है; जैसे हर बार धोखा खाने पर भी वह भ्रष्ट राजनीति को अगला अवसर देती रही है। ऐसी स्थिति में वह बौद्धिक वर्ग को, साहित्य और कलाधर्मियों को भी अवसर क्यों न देगी, जिन पर से अभी उसका विश्वास पूरी तरह उठा नहीं है। यही कुछ बेहतर लिखने की एकमात्र प्रेरणा है और शायद चुनौती भी।

[नवम्बर 1996]

19

भाषायी आतंकवाद और संयुक्त मोर्चा

वेश्वभर में आज प्रकाशन जिस परिमाण में बढ़ रहा है, उसी परिमाण में साहित्य की गुणवत्ता की पहचान कठिन होती जा रही है। पुस्तकों की श्रेष्ठता की अपेक्षा महत्त्वपूर्ण यह हो उठा है कि किस देश और भाषा की हैं ? जिन देशों का विश्व राजनीति और अर्थ-तंत्र पर कब्जा है; जिनके पास आधुनिकतम प्रचार-तंत्र हैं; उन देशों की भाषाओं में जो भी लिखा जाता है वह सहसा विश्वव्यापी भी हो जाता है और महत्त्वपूर्ण भी, भले ही उससे अधिक महत्त्व का साहित्य अन्य देशों और भाषाओं में लिखा जा रहा हो। जैसे उड़ते हुए वे युद्ध-पोत जो दूर से दिखाई देने पर भी जमीन पर युद्ध-रत टैंकों के रक्षा-कवच होते हैं, उसी तरह राजनीति और अर्थ की बारूद से भरे सशक्त देशों के स्वार्थ-टैंकों पर छाए रहते हैं विज्ञापन-पोत। यानी दिखता है प्रचार-युद्ध लेकिन सक्रिय रहता है देश का राजनीतिक-आर्थिक स्वार्थ। ऊपर से लगता है कि यह विज्ञापन-तंत्र स्वायत्त है, यहाँ तक कि विज्ञापित चीजों से भी उसका कोई लेना-देना नहीं है, और उसकी निगाह में –'साहित्य के लिए बाज़ार, और 'जूतों के लिए बाजार' की खोज में कोई अंतर नहीं है। परंतु यह निरपेक्षता बहुत सोची-समझी चाल का हिस्सा है। उदाहरण के लिए पिछले दिनों विक्रम सेठ का अंग्रेजी उपन्यास 'ए सुटेबल बॉय' की पेशगी के रूप में दी जानेवाली एक करोड़ राशि का प्रचार, पुस्तक से ज्यादा किया गया, नतीजे में पुस्तक 'बेस्ट सेलर'–अपनी वज़ह से तो शायद न बनती, एक करोड़ की वज़ह से बन गई। यानी पुस्तक पढ़ कर निराश होने से पहले ही। इसका क्या अर्थ निकलता है ? क्या इसमें किसी बेजोड़ कृति को विश्वव्यापी बनाने की सदिच्छा थी या एक खास भाषा और जीवन-प्रणाली के लिए भारतीय बाजार जीतने की एक पहल ?

ठीक है कि जिनके पास साधन-शक्ति है, वे यदि एकांगिता को ही समग्रता और सर्वोच्चता की तरह पेश करें, तो आज के जमाने में, उन्हें दोष भी नहीं

दिया जा सकता, परंतु उन देशों की आत्महीनता को क्या कहा जाए जो इस भबके में आकर, अपनी वैचारिक और सृजनात्मक जमीन छोड़, उनके स्वागत में गर्क हो जाते हैं ! उन्हीं को केंद्र में रखकर पक्ष-विपक्ष में तर्क गढ़ने लगते हैं और इसे आधुनिकता, जागरूकता और बौद्धिकता का प्रमाण-पत्र भी मान लेते हैं ! ऐसे में उन्हें इस बात का ध्यान भी नहीं रहता कि वे अपने देशों और भाषाओं के अपेक्षाकृत बेहतर और मौलिक लेखन को स्वयं खारिज कर रहे हैं या ओछा बना रहे हैं। तीसरी दुनिया में एक ओर तो अभिव्यक्ति के साधन और अवसर सीमित हैं, दूसरी और उनका आर्थिक और राजनीतिक दबाव नहीं है और तीसरे, उनका प्रचार-तंत्र ढीला और लचर है। ऐसी स्थिति में वहाँ के बुद्धिजीवियों की आत्महीनता, आत्म-घात का ही दूसरा नाम साबित हुई है। लेकिन इस कथन का यह अर्थ लगाना मुनासिब नहीं होगा कि किसी तरह के कठमुल्ला एकांत की वक़ालत की जा रही है। नहीं। सिर्फ आतंकित होने और आदान-प्रदान के स्वाभाविक संबंध के बीच भेद और हानि-लाभ को रेखांकित किया जा रहा है। जब हम यह मानते हैं कि बहुलता से सम्पन्न विश्व की समस्त विचार सरणी, जीवन प्रणाली, विविध संघर्ष, चिंतन की मौलिकता, मेधा की विविधता और प्रतिभाओं की समग्रता के बिना विश्व साहित्य की कल्पना ही नहीं की जा सकती, तब इसमें कोई भी कैसे छूट सकता है—सम्पन्न या विपन्न; भू-खंड या आकाश या बयार। वास्तव में इस स्वीकार में संपन्न देश के महानगरों से लगाकर विपन्न देश के सुदूर वनांचलों तक फैले विश्व के संपूर्ण जीवनानुभवों, विचारों और सृजनाकांक्षाओं का स्वीकार निहित है। और अगर क़ोई अस्वीकार है भी तो कुछ देशों और भाषाओं के आतंकवाद का, जिसके तले अधिकांश दुनिया की सृजनाकांक्षा दम तोड़ रही है।

आतंकवाद की प्रवृत्ति और क्रिया का दायरा बहुत आकस्मिक और संकीर्ण होता है, और कभी-कभी अत्यंत कृत्रिम भी। परंतु उससे उत्पन्न प्रभाव बहुत व्यापक और भयावह होता है, जो समस्त सर्जनात्मक शक्तियों को स्थगित या आक्रांत कर लेता है, जैसे वायुयान में फ़कत एक व्यक्ति नकली हथगोले या खिलौने के तमंचे से भी सैकड़ों यात्रियों को अपने कब्जे में कर लेता है। उसे कोई फर्क नहीं पड़ता कि यात्री अपने-अपने गुणों, कर्मों, प्रतिभाओं या क्षमताओं में आतंकवादी से कई गुना शक्तिशाली हैं। आतंकवाद की शक्ति और दुस्साहस का यही रहस्य है। (और अगर वह परोक्ष है तो प्रत्यक्ष से अधिक भयानक और घातक है।)

क्या यह अविश्वसनीय नहीं लगता कि सर्वाधिक उत्पीड़न झेलनेवाली तीसरी दुनिया ने पिछले पचास सालों में विचार, सिद्धांत या सृजन के क्षेत्र में कोई अनूठा या उत्कृष्ट नहीं रचा होगा, जबकि विचार और सृजन का सबसे

घनिष्ठ संबंध सुविधाओं की अपेक्षा उत्पीड़न से होता है। यह मानने का कोई कारण नहीं है कि इस भू-खंड में सृजन की सारी शक्तियाँ लुप्त हो गई हैं। ज्यादा संभव यह है कि उन्हें प्रकट या विस्तारित नहीं होने दिया गया हो। या स्वयं आत्महीनता ने ही उन्हें घेर लिया हो। क्योंकि यदि यह सच है कि जिन्हें लगातार दबाया या उपेक्षित किया जाता है, उनकी शक्तियाँ कुंठित हो जाती हैं, तो सच यह भी है कि दबना और उपेक्षित होना स्वयं भी चुना जाता रहा है। प्रभावी भाषाओं ने पिछले तमाम सालों में जो जुमले सौंपे हैं—उसे तीसरी दुनिया ने भी विचार की अहमियत दी है। असहमति का खतरा उठाते और कुछ अतिशयोक्ति का सहारा लेते हुए भी पूछना चाहता हूँ कि अस्तित्ववाद या उत्तरआधुनिकता या विखंडन आदि किस प्रमापक से विचार की पराकाष्ठा पर पहुँचे हैं ? हिंदुस्तान के ही तमाम महानगरों से लगाकर कस्बों तक के कॉफी हाउसों में 'अस्तित्ववाद' पर की गई बहसों में पी गई असंख्य सिगरेटों के धुएँ आज भी वायुमंडल में भरे हैं। लेकिन हासिल क्या हुआ—अपनी-अपनी भाषाओं में खूबसूरत जुमलों के अनुवाद के सिवाय ? आखिर ये विचार दुनिया की किस किस्म की जनता के अंतरंग जीवन या सोच का प्रतिनिधित्व करते हैं ? क्या विचार और साहित्य चिकनी सतह पर तैल की तरह फैल जाने के वास्ते होते हैं ? क्या उनके जरिए विश्वसमाज के स्नायु-तंत्र को झंकृत या सबल नहीं होना चाहिए ? आप देखिए कि इधर उत्तर-आधुनिकता और उसके तमाम भेदों-प्रभेदों के रेशे-रेशे उधेड़ने में दुनिया मशगूल है और उधर अधिकांश देशों और समाजों में अनेक स्तरीय फंडामेंटलिज्म और मध्यकालीन प्रवृत्तियाँ पनप रही हैं। विचारों की ऐसी नकली आँधियों ने देशों के आत्मनिर्भर सोच, अपनी समस्याओं से अपने स्तर पर जूझने का माद्दा, अपनी शिराओं से जुड़े सृजन, जीवन और साहित्य की गहन वैचारिक शक्तियों की पहचान को लगातार उड़ा देने की कोशिश की और अपनी प्रभुसत्ता बनाए रखने के लिए दुनियाभर में नकारात्मक और निष्क्रिय सोच को पराकाष्ठा पर पहुँचाया। ('विसंरचना' का सिद्धांत जिस तरह की पहेलियाँ बुझाता है, वह देखने लायक है।)

साधन और दबावों की राजनीति से वंचित देशों के सामने अब शायद यही रास्ता बच गया है कि वे अपनी मौलिकता और सम्मान की रक्षा करते हुए एकजुट हों और अपनी विशिष्टताओं से युक्त श्रेष्ठ साहित्य और विचारों को विश्व के सामने पूरे आत्म विश्वास के साथ रखें। संपन्न देशों को धिक्कारने से अधिक अच्छा है अपने को शक्ति संपन्न बनाना, तभी शायद आत्महीनता से उबरा जा सकता है। खुद कमजोर देशों के भीतर ही इतने भाषायी द्वंद्व हैं कि वे उन्हें और भी कमजोर किए दे रहे हैं और अनायास इसका लाभ उन भाषाओं के खाते में दर्ज होता जा रहा है, जो उन्हें मानसिक पराधीनता में जकड़ने का लगातार

उद्यम कर रही हैं—सबसे पहले तो यही जरूरी है कि तीसरी दुनिया के देश स्वयं अपने भीतर पैदा हुए भाषायी द्वंद्व को समाप्त करें। अगर हम भारत को ही लें, तो स्वाधीनता-संघर्ष और स्वाधीनता के बाद निर्मित संविधान ने इस देश को एकसूत्रता में बाँधने के लिए भाषायी द्वंद्व समाप्त करने की पहल की थी, क्योंकि तब देश स्वयं एकजुट था परंतु धीर-धीरे मतभेद उभरने लगे और अंततः भारत बहुमुखी विखंडन की पराकाष्ठा पर पहुँच गया। लगातार राष्ट्रभाषा के विरोध को हवा दी गई, लेकिन बदले में प्रांतीय भाषाएँ नहीं आईं, बल्कि वे साम्राज्यवादियों के भाषायी आतंकवाद के हवाले हो गईं, जिसने इन भाषाओं को अपदस्थ करते हुए शिक्षा, प्रशासन, संवाद, व्यापार आदि क्षेत्रों में अपने को पक्का जमा लिया। नतीजा यह है कि भारत की तमाम भाषाएँ लगभग ललित साहित्य की भाषा में तब्दील होकर रह गई हैं और वह मानसतंत्र (खासकर नई पीढ़ी का) लगातार उनके हाथ से निकलता जा रहा है, जिसे चारों ओर से एक विदेशी भाषा घेरे हुए है। क्योंकि यह संभव नहीं है कि जीवन की तमाम गतिविधियाँ तो किसी अन्य भाषा में संचालित हों और हम यह अपेक्षा करें कि लोग अपनी भाषा का साहित्य पढ़ें और उसमें सोचें-समझें। देशी भाषाओं में निरंतर बौद्धिक और रचनात्मक उपस्थिति के कम होते जाने में क्या विदेशी भाषा के सर्वतोमुखी दबाव की भूमिका नहीं है ? क्या इस दबाव को जारी रहने देना चाहिए ? क्योंकि यह यहीं तक न रुका है, न रुकनेवाला है, और न इसका संबंध केवल भारत से है, बल्कि विश्व के अधिकांश देशों से है।

यह सौभाग्य की बात है कि विश्वभर में इसकी रचनात्मक प्रतिक्रिया प्रारंभ हो चुकी है और लगता है कि सामूहिक मानवेच्छा, समय की नई अवधारणा को जन्म दे चुकी है, जो आर्थिक और राजनैतिक क्षेत्रों में ही नहीं; साहित्य, विचार और जीवन-प्रक्रिया में भी परिलक्षित हो रही है। इसका मूल स्वाधीनता के साथ संयोजन की साझा भूमिका में है। यों, आर्थिक स्तर पर 'भूमंडलीकरण' समृद्ध देशों का स्वार्थी उपक्रम है, परंतु विश्व स्तर पर मनुष्य के परस्पर जुड़ने की इच्छा की भी इसमें कोई अदृश्य ध्वनि है, जो फिलहाल विवशता के रूप में सामने आई है। दूसरी ओर हम राजनीति को लें तो उसका ताजा उदाहरण भारत से ही देना प्रासंगिक होगा। चाहे सत्ता के लिए ही सही, भारतीय राजनीति में संयुक्त मोर्चे का उदय एक बाध्यता की तरह हुआ है और सभी दलों को लगने लगा है कि बिना इसके लोक सत्ता संभव नहीं। इस प्रक्रिया में, अपनी पहचान बनाए रखते हुए भी, विभिन्न दलों ने अपने कई आग्रह एक तरफ रख कर, साझा कार्यक्रम बनाया, जिसमें हर एक को कुछ न कुछ आहुति देनी पड़ी है। यों यह प्रक्रिया साहित्य में इसके पहले ही प्रारंभ हो चुकी थी। (इससे साहित्य की अग्रगामिता भी लक्षित होती है।) उदाहरण के लिए एक जमाने में

लोगों ने मार्क्स और गांधी को अलग-अलग खानों में रख दिया था और ऐसे तमाम विचारकों, संतों और कर्मण्य लोगों को छिटका दिया था, जो सही अर्थों में लोक के लिए जूझे और उसे सही रास्ता दिखाते हुए मर मिटे। गांधी के प्रति एक पक्षीय उग्रता में जैसी भाषा और जुमलों का प्रयोग किया जाता था, इसे दोहराना नए सिरे से बनाए पुलों को तोड़ने जैसा होगा। परंतु अब इस शब्दावली और व्यवहार से वापसी शुरू हो गई है। गांधी और मार्क्स ही नहीं, देश की अनेक भूली संपदा, विचार और व्यक्तित्व को मिला कर देखा जाने लगा है और ऐसा करते हुए हमें आशा है कि सबके श्रेष्ठ का संकलन हो रहा है और भीतर निहित असहमति के तत्त्व खारिज किए जा रहे हैं। यहाँ तक कि अध्यात्म और साम्प्रदायिकता को अलग-अलग पहचानने, संस्कृति, इतिहास, परंपरा, विचार जैसे पीछे धकेल दिए शब्दों की पुनर्व्याख्या करने और खारिज रचनाकारों को नए सिरे से मान्यता देने की कोशिश की जा रही है। यह एक तरह से साहित्य में संयुक्त मोर्चे का स्वस्थ उदय है जो लोक के लिए विभिन्न शैलियों, स्तरों और क्षेत्रों में जूझनेवाली ईमानदार शक्तियों को यथार्थवादी, तटस्थ ढंग से देखने की पहल है। इसी दृष्टि से आधुनिकता, इतिहास, संस्कृति, शहर, गाँव, स्त्री, वनवासी सब, सोच के दायरे में शामिल हो सकेंगे।

यही प्रणाली समस्त भारतीय भाषाओं की एकजुटता के लिए भी अपनाई जानी चाहिए। झगड़े कहाँ नहीं हुए, कहाँ नहीं होते ? फिर भी भारत में जो एक स्वाभाविक साहचर्य है, सहिष्णुता है—वह विघटन के इस परम दौर में पुनः संयोजन की ओर इशारा कर रही है। नार्वे में एक बड़ी लेखिका ने मुझसे कहा था कि 'भारत में जबरजस्त सहिष्णुता' (टॉलरेंस) है। हमारे यहाँ सिर्फ दो भाषाएँ हैं, मामूली अंतरवाली उन्हीं में झड़पें होती रहती हैं, जब कि आपके यहाँ अठारह समृद्ध भाषाएँ हैं, वे सब मिलकर रहती हैं।' दुनिया की इस सोच या धारणा को टूटने देना क्या उचित होगा ? भाषाओं का एक संयुक्त मोर्चा, वस्तुस्थिति को समझने में मदद करेगा। और हम संपन्न देश के उस भाषायी आतंकवाद का, जिससे, वैचारिक, सांस्कृतिक और अन्य आतंकवादों का जन्म होता है, मुक्त हो सकेंगे। ऐसी ही पहल तीसरी दुनिया की रचनात्मक एकजुटता द्वारा की जा सकती है और यदि इस समय का यह उपयोग सभी क्षेत्रों की रचनात्मक मेधाएँ नहीं कर सकेंगी तो न तो भाषाएँ अँधेरे गढ़े से निकल पाएँगी न उनकी सृजनात्मक तेजस्विता और वैचारिक दुर्लभता विश्व के सम्मुख प्रकट हो सकेगी। क्योंकि हम जिस दौर में हैं—वहाँ से सफलता और विफलता दोनों बहुत निकट हैं।

[मई 1997]

20

राष्ट्रभाषा की फ़जीअत

आजादी के अड़तालीस साल बाद क्या ऐसी पस्त मानसिकता में राष्ट्रभाषा की बात होनी चाहिए, जैसी हो रही है ? लगता है भाषा-चक्र ही नहीं, इतिहास-चक्र भी उल्टा घूम रहा है। यदि भाषा-चक्र हिंदी की विपरीत दिशा में जाते हुए भी अंग्रेजी के पक्ष में न घूमकर भारतीय भाषाओं के पक्ष में घूमता तो सबसे अधिक प्रसन्नता सही अर्थ में हिंदी से जुड़े लोगों को होती। क्योंकि अपने देश की कोई भी भाषा हो, उससे प्रेम करना देश से प्रेम करना है। ऐसा करते हुए कोई भी उन कारणों से विमुख नहीं हो सकता जिससे अंततः देश एक होता है। मेरा आशय यह नहीं है कि अंग्रेजी के अभ्यस्त या अनजाने उसके अधीन हुए तमाम लोगों में देश-प्रेम नहीं है या देश के स्वाभिमान, संस्कृति और स्वाधीनता की रक्षा-कामना नहीं है। आखिर अंग्रेजी शिक्षा प्राप्त मनीषियों की भूमिका राष्ट्रीय स्वाधीनता और देशोत्थान में महत्त्वपूर्ण रही ही है। परंतु तब बात दूसरी थी। देश राजनीतिक रूप से गुलाम था और स्वामियों की भाषा हमारी बाध्यता थी। परंतु अंग्रेजीदाँ होते हुए भी स्वाधीनता-संग्रामी मन से बहुत जाग्रत थे। वे विदेशी भाषा की बेड़ियाँ तोड़ने की उत्कट प्रतीक्षा में थे। तभी उन लोगों ने भारत के स्वाधीन होते ही स्वयं हिन्दीतर भाषी होते हुए भी, राष्ट्रभाषा और राजभाषा के रूप में, देश के नैसर्गिक संवाद की भाषा हिन्दी को मान्यता दी और देश के संविधान में उसे दर्ज किया। कहना न होगा कि आज की तुलना में तब उनके लिए किसी देशी भाषा की बजाय अंग्रेजी स्वीकार करना अधिक सुविधाजनक था। अगर वे आज के राजनेताओं की तरह होते तो ऐसा कर भी लेते, परंतु वे विवेकवान, संघर्षशील और देश के लिए आत्माहुति देनेवाले लोग थे।

स्वाधीनता के उस ताज़ा-ताज़ा माहौल में आत्महीन हुए अंग्रेजीपरस्त नौकरशाहों ने कछुए की तरह अपने अंग सिकोड़ लिए थे, पर वे उन्हें बाहर निकालने को छटपटाते ज़रूर रहे। आज़ाद भारत में भी अपनी विशिष्टता के

लिए वे अंग्रेजी राज की तरह ही व्याकुल थे। अन्य विदेशी शक्तियाँ और मानस भी तब शवासन की मुद्रा में थे–लेकिन मौके की ताक में थे। जब राजनीति ने भी स्वाधीनता-पूर्व के आदर्श त्यागने शुरू किए और वह मात्र सत्ताकामी हो गई, साथ ही जनता के मन में स्वाधीनता-संघर्ष, इतिहास बनता गया तो राजनीति के लिए यही सुविधाजनक शार्टकट था कि वह जनता के खंडित अभिमान और हीन मानसिकता को उकसा कर जैसे-तैसे सत्ता हथियाये और उस पर बनी रहे। क्षेत्रीय दलों के बनने से वास्तव में क्षेत्र का विकास नहीं, बिखराव ही हुआ। दूसरी ओर भारतीय संविधान-प्रणाली को ध्यान में रखकर केन्द्रीय राजनीति ने भी प्रांतों में, प्रभुसत्ता की होड़ में, उन्हीं स्वार्थों का पोषण प्रारंभ कर दिया। इसका प्रमुख शिकार राष्ट्रभाषा हुई। तब किसको पता था कि यह एक सर्वग्रासी बिखराव और देश में से देश के गायब होने की प्रक्रिया का प्रारंभ है (हालाँकि राजनीति में इतनी दूरदर्शिता होनी थी) बाद में जाति और जाति के भी अलग-अलग विभाग, धार्मिक संकीर्णता, प्रांतवाद प्रबल हुआ, यहाँ तक कि देश के खंडित होने के खतरे मँडराने लगे। आतंकवाद ने अपना सर उठाया। राजनीति ने इन्हें कम करने की बजाय इन्हीं के आधार पर अपने सत्ता समीकरण तैयार किए। हिंदी के मामले में संविधान के झोल का लाभ उठाते हुए, राजभाषा के रूप में उसकी मान्यता को ऐसी शर्त से जोड़ा गया, जिसका पूरा होना संभव ही नहीं है। इतना बड़ा देश है, कई सीमित और सीमिततम स्वार्थ हैं, उस पर आजादी है जिसकी परिभाषा राजनीतिकर्मी से लगाकर स्मगलर तक एक जैसी कर सकते हैं कि 'जो चाहो करो, जो चाहो कहो।' आत्मानुशासन और नियमानुशासन को जब सत्तानीति ने ही ताक पर रख दिया हो तो नियमन कौन करे ? क्योंकि किसी को अप्रिय लगनेवाला निर्णय तो लेना नहीं है और हर एक को संतुष्ट करना संभव नहीं है। (आखिर सती प्रथा और नर-बलि का भी तो कुछ लोग आज भी समर्थन करते ही हैं।) इस स्थिति को भाँप कर अंग्रेजी की सोई शक्तियाँ तत्काल जाग उठीं, भारतेतर स्वार्थ प्रबल हो गए और उन्होंने देशी भाषाओं के कंधे पर बंदूक रखकर उसी देश की राष्ट्रभाषा पर गोलियाँ दागना शुरू कीं। इस प्रक्रिया में मुख्य भूमिका दास मानसिकता, विदेशी स्वार्थों का छिपा हुआ हाथ, सत्ता का चरित्र, संभ्रांतता और दिखावे की रही, जिसे प्रांतीय भाषा की अस्मिता, हिंदीतर भाषियों के लिए राष्ट्रीय भागीदारी और सेवा के अवसर न मिलने आदि का नाम दिया गया। प्रांतीय भाषा की आड़ लेकर विदेशी समर्थन और देश के भीतर जमी पराधीन मानसिकता ने मिलकर देश में अंग्रेजी स्कूलों के जाल बिछा दिए और शहर, गाँव सब जगह बच्चों को अपने कब्जे में ले लिया। हम समझें या न समझें लेकिन ये शक्तियाँ समझती हैं कि नई पीढ़ी में बोए गए भाषा के बीज ही भविष्य का निर्धारण करेंगे। नागरिक के विरुद्ध

नागरिक को खड़ा करने और उसे मन से पराधीन बनाने की इससे अच्छी शैली नहीं हो सकती थी। (इसी शैली का प्रयोग मैकाले ने किया था।) जैसे-जैसे समय बीतता जाएगा इस नई शिक्षित पीढ़ी के लिए विदेशी भाषा स्वाभाविक होती जाएगी, क्योंकि इस पीढ़ी को न सिर्फ देशी भाषा से विहीन किया जा रहा है बल्कि उसे अपनी संस्कृति और इतिहास से विहीन भी बनाया जा रहा है। सभी जानते हैं कि भाषा अकेली नहीं आती, अपने परिवेश और निहितार्थ को लेकर आती है। अतः इस पीढ़ी से वे सारे लाभ मिल जाएँगे जिन्हें चाहकर भी अंग्रेज नहीं पा सके। जैसा ऊपर कहा गया है कि अंग्रेजी के अभ्यस्त और उसके अधीन भारतीयों के देश-प्रेम और सांस्कृतिक निष्ठा पर कोई प्रश्न चिह्न नहीं लगाया जा रहा है, परंतु उनकी मनोवृत्ति और कार्य का परिणाम भी वही होगा जो राष्ट्र को खंडित, मूक और निःसत्व करनेवालों की मनोवृत्ति और कार्य का होता है। विष जान बूझकर खाया जाए या अनजाने, मृत्यु दोनों में तय है। इसलिए यहाँ भावना का नहीं, परिणति का प्रश्न ही मुख्य है। अंग्रेजी स्कूलों और कॉलेजों की प्रतिस्पर्द्धा की हड़बड़ी या तेजी से लोगों के बदलते चरित्र के कारण जिन शिक्षण संस्थाओं ने रातोंरात अपने माध्यम बदल दिए, उसके पीछे कोई दुर्भाव थोड़े ही है; अलबत्ता दूरदर्शिता, सचेतनता, इतिहास-बोध, पराए स्वार्थों की समझ, निष्ठा और प्रतिरोधी कर्तव्य चेतना की कमी तो वहाँ भी है। अब स्थिति ऐसी आ गई है कि बेचारे अभिभावक इच्छा के विरुद्ध बच्चों की शिक्षा ऐसी भाषा में देने को बाध्य हैं, जिसकी हानि वे समझते हैं। परंतु कोई अपने बच्चों को अशिक्षित तो नहीं रख सकता न ? यदि उनके सामने बेहतर विकल्प खुले होते तो शायद वे चुन सकते थे। कैसी ज़बरदस्त घेराबंदी है ! किस मोड़ पर देश को लाकर खड़ा कर दिया गया है ! क्या हमने अपने देश को अपने भीतर से निर्वासित करने का मन बना लिया है ? अंग्रेजी के प्रलोभन, चमक-दमक, अंतरराष्ट्रीयता के भ्रम, विशिष्टता की कामना और बाध्यता के भीतर छिपी दासता को हम नहीं देख पा रहे हैं तो इसके यह मानी नहीं कि वह मौजूद नहीं है।

अब जो स्थिति है, उसमें भाषा संबंधी समस्या का नए सिरे से मूल्यांकन करना होगा। पहला प्रश्न यह है कि प्रांतीय भाषाओं के नाम पर यदि हिंदी को अपदस्थ किया गया तो कोई हर्ज नहीं, परंतु क्या प्रांतीय भाषाओं को इसका लाभ मिला या मिलेगा ? क्या हिंदी को अपदस्थ करने पर तमिल, बांग्ला, पंजाबी या मलयालम सशक्त हुई ? फिलहाल ऐसे कोई प्रमाण नहीं हैं। बल्कि यह सिद्ध हो चुका है कि हिंदी को जहाँ-जहाँ से निरस्त किया गया, वहाँ-वहाँ अंग्रेजी आई। उसने सिर्फ हिंदी को ही दोयम नहीं बनाया, प्रांतीय भाषाओं को अपनी-अपनी जगह दोयम बना दिया है। उदाहरण के लिए पूछा जा सकता है कि

ललित साहित्य को छोड़ कर किसी भी भाषा में विज्ञान, मानविकी, दर्शन या तकनीकी की मौलिक पुस्तकें कितनी लिखी गईं या लिखी जा रही हैं ? अपनी-अपनी भाषा में मौलिक चिंतन और लेखन न होने या कम होने के पीछे जो स्थितियाँ और मनोदशाएँ काम कर रही हैं, वे क्या भाषा और देश को मजबूत बनाएँगी ? प्रांतों में विज्ञापन का, पुस्तक खरीदी का, सरकारी-गैरसरकारी लाभ का अधिकांश हिस्सा अंग्रेजी को मिलता है—यह हिस्सा प्रांतीय भाषाओं को मिलता, अगर अंग्रेजी न हड़पती। हिन्दी न हड़पे, इसके लिए चौकस रहनेवाले प्रांतीय भाषा-प्रेमी अंग्रेजी के प्रति कितने खुले हुए हैं ! पर मैं पूछता हूँ कि प्रांतीय भाषाओं को अंग्रेजी शिक्षितों की तुलना में अपने ही प्रांत में कौन-सा दर्जा मिला है ? बंगाल को ही लें—बैंक, डाक-तार और अन्य उपक्रमों और व्यावसायिक संस्थानों में अंग्रेजी का ही बोलबाला है। अंग्रेजी स्वामियों की भाषा रही है, उसकी भूमिका विभाजन की ही हो सकती है; पारस्परिक आत्मीयता की नहीं, इस बात को समझा नहीं जा रहा है। परिणाम को सोचे बिना अंधी दौड़ में शामिल होना कहीं राष्ट्रीय अपराध न बन बैठे और प्रारंभ की आधी शती में किए गए संघर्ष को बाद की आधी शती में व्यर्थ करने के हम अपराधी न हो जाएँ—इस पर विचार करना अनिवार्य होना चाहिए। और यह भी समझ लेना चाहिए कि प्रांतीय भाषाओं के मजबूत होने से हिंदी मजबूत होगी और हिंदी के मजबूत होने से प्रांतीय भाषाएँ। जबकि अंग्रेजी दोनों को कमजोर करेगी—कर रही है।

सरक़ार हिंदी को राजकाज की भाषा बनाने का काफ़ी दिखावा कर रही है—हजारों की संख्या में हिंदी अधिकारी हैं। उनमें से कितनों का हिंदी से क्या संबंध है इसे समझना कठिन है। उन्होंने हिंदी को तथाकथित प्रगति के आँकड़ों में तब्दील कर दिया है। हिंदी प्रपत्रों में छपती ज़रूर है। परंतु वह हर जगह मृत देह की तरह ढोई जा रही है। सरकारी कामकाजी भाषा वैसे भी जटिल और कृत्रिम है। इसके पास हिंदी का लोक-मुहावरा तक नहीं है। भाषा, सरकारी तंत्र के लिए लगाव और मिशन नहीं है। इन तमाम विसंगतियों और काहिलियों के चलते हिंदी को लाभ कम और हानि अधिक हुई है। यहाँ तक कि इस कारण उसे अन्य भाषाओं की ईर्ष्या झेलनी पड़ती है, सो अलग। केंद्रीय सरकार को अखिल भारतीय सेवाओं में हिंदी और प्रांतीय भाषाओं को माध्यम बनाकर इन्हें अंग्रेजी की अनिवार्यता से मुक्त करना था। परंतु शायद नौकरशाही ने उसे ऐसा नहीं करने दिया।

सेवा-अवसरों और राष्ट्रीय भागीदारी का भय उत्पन्न करके यदि हिंदीतर भाषियों का मनोविज्ञान इस तरह रच दिया गया हो कि वे भी हिंदी भाषियों के साहबी ख़तरे से डर कर उसी भाषा को तरज़ीह दें जो उस देश की भाषा है

जिसके आधिपत्य से मुक्त होने के लिए देश ने खून बहाया है, तो निश्चय ही उनके मन से यह भ्रम निकालना होगा, ताकि वे एक निरर्थक भ्रम के अधीन होकर अपनी प्रांतीय भाषा को कमजोर न करें और न उस परोक्ष गुलामी के संकट से असावधान रहें जो प्रत्यक्ष गुलामी से ज्यादा मजबूत होती है। वे हिंदी की अवहेलना के चक्कर में अनजाने अपनी भाषा की अवहेलना कर रहे हैं। उधर राजनीति का चरित्र यह हो गया है कि वह एक ओर तो जनता में प्रांतीय भाषाओं का अभिमान जगाती है और दूसरी ओर अंग्रेजी की स्थापना से उन्हें लगातार निरस्त करती जा रही है। यह काम केवल हिंदीतर प्रांतों में ही नहीं, स्वयं हिंदी क्षेत्रों में भी चल रहा है। हिंदीतर भाषियों के सत्ता मानस की होड़ लेने और अपने अवसर खोने के भय की हड़बड़ी में हिंदी भाषी प्रांतों ने भी हिंदी की उपेक्षा की है। यहाँ हिंदीतर भाषी प्रांतों के मुकाबले अंग्रेजी अधिक काबिज़ है। इन प्रदेशों की राजनीति ने त्रिभाषा सूत्र की जैसी अनदेखी की है उस अदूरदर्शिता का कोई जवाब नहीं है। अब भी हिंदी प्रांतों में गैर हिंदी प्रांत की एक भाषा पढ़ाना प्रारंभ कर देना चाहिए। जब आँखें खुलें तभी सुबह समझना चाहिए। हाँ, स्वयं हिंदी का जो चरित्र है उसने अवश्य ही हिंदी के साथ प्रादेशिक भाषाओं की रक्षा की है और उन्हें उनका समुचित दाय दिया है–इस बात की परवाह किए बिना कि अन्य भाषाएँ हिंदी के साथ कैसा व्यवहार कर रही हैं ? आज भी हिंदी प्रकाशन और हिंदी पत्र-पत्रिकाएँ भारतीय भाषाओं का साहित्य सर्वाधिक छाप रही हैं। हिंदी प्रकाशन, हिंदी लेखकों की तुलना में अन्य भारतीय भाषाओं के लेखकों को अधिक राय़ल्टी देता है। इसे अन्य भाषाओं के कुछ लेखक हिंदी में श्रेष्ठ मौलिक लेखन का अभाव कहने का दुःसाहस भी करते हैं; जब कि हिन्दी में प्रकाशित होकर ही वे प्रांतीय भाषा की बजाय 'भारतीय लेखक' बने हैं। हिन्दी में अनूदित होने की ललक तो उनमें है, परंतु हिन्दी को उसका सही स्थान देने के प्रश्न पर वे नाक-भौं सिकोड़ने लगते हैं। रचनाकारों और बुद्धिजीवियों के इस दोमुँहेपन को भी हिंदी ने फिलहाल नज़रअंदाज ही किया है। इतना ही नहीं, भारतीय ज्ञानपीठ और भारतीय भाषा परिषद जैसे हिन्दी भाषियों के गैरसरकारी राष्ट्रीय संस्थान सभी भारतीय भाषाओं के लेखकों को पुरस्कृत और सम्मानित करते हैं, जबकि हिंदीतर भाषाओं ने न सिर्फ हिंदी के बारे में, बल्कि अपनी भाषा के अलावा अन्य भारतीय भाषाओं के बारे में भी ऐसी कोई पहल नहीं की। भारतीय भाषाओं के परस्पर अनुवाद के बारे में हिंदीतर भाषा के प्रकाशक भी काफी संकुचित हैं। कल्पना कीजिए कि कभी हिंदी ने भी उन जैसा रवैया अपना लिया तो क्या होगा ? परंतु जनभाषा की परंपरा–आत्माहुति की परंपरा भी होती है। इसका निर्वाह हिंदी कर रही है, जरूरत से कुछ ज्यादा ही। क्योंकि वह अन्य भाषाओं के दोयम लेखन का

अनुवाद भी प्रकाशित कर रही है, जबकि स्वयं उसका श्रेष्ठ लेखन प्रकाशन की बाट जोहता रहता है। जाहिर है कि हिंदी प्रतिरोधी मुद्रा में नहीं है। यही इसकी शक्ति है। अब इसका परिणाम शायद तभी प्रकट होगा जब सत्ता और विशिष्टता को अंग्रेजी ऐसी भाषा लगने लगे जिसमें कुली, मजदूर, क्लर्क और आम आदमी भी बोलता-समझता है, तब कहीं जाकर उन्हें यह अनुभव होगा कि अब वे विशिष्ट नहीं रहे हैं। तभी विदेशी भाषा के साम्राज्यवाद का नशा उतरेगा। आत्महीनता से उनका आत्माभिमान लौटेगा और वे अपनी देश-भाषाओं की ओर मुड़ेंगे। तब तक हिंदी से सही ढंग से जुड़े लोगों को हिंदी को समृद्ध बनाने में जुटे रहना होगा और आगामी समय के लिए उसे सशक्त बनाते हुए इस संकट को धीरज से झेलने का उपाय करना होगा। फिलहाल तो देश बहुराष्ट्रीय कंपनियों का 'ईस्ट इंडिया कंपनी' जैसा स्वागत करने में व्यस्त है !

[सितंबर 1995]

21

टूटना

[हिंदी के भीतर की टूटन]

संसार में चाहे कोई ऐसी नस्ल हो जिसमें सिर्फ 10 लोग बचे हों, उसे भी सुरक्षित रहने, अपनी पहचान बनाए रखने और फलने-फूलने का अधिकार है। उसी तरह ऐसी बोली को भी है, जिसे बोलनेवाले भले ही उँगलियों पर गिने जा सकेंते हों। लेकिन अंगी (शरीर) से जुड़े होकर ही अंग सक्रिय रहते हैं, उसी तरह विभिन्न इकाइयाँ भी अपने व्यापक समाज से जुड़ी रहकर ही सार्थक जीवन जी पाती हैं, वहीं उनकी सही पहचान होती है। डाल में लगा पत्ता और डाल से टूटा पत्ता, 'पत्ता' ही कहलाता है, लेकिन दोनों की नियति में कितना अंतर है ! एक को जड़ों समेत वृक्ष की जीवन-शक्ति मिली होती है जबकि दूसरे का अकेला जीवन सिर्फ सूखने भर को बचा रहता है। भले ही प्रांतों से मिलकर देश बना हो या बोलियों से मिल कर भाषा, लेकिन जैसे प्रांत, देश से अलग होकर देश की समृद्धि और सहकार से वंचित हो जाता है उसी तरह कोई बोली, भाषा से कट कर उसकी उपलब्धि और विरासत से भी कट जाती है। समष्टि तो अपने आयुष्मान होने और सार्थक होने के लिए ही न रची जाती है ! लेकिन लगता है कि दूरदर्शिता का यह दर्शन हम भूलते जा रहे हैं।

बोलियों की बात लें तो अवधी और ब्रज की याद आती है, जिनमें लिखे साहित्य पर पूरा हिंदी भाषी समाज गर्व करता है और उसे अपनी परंपरा का भाग मानता है, परिणामस्वरूप ये बोलियाँ सिर्फ बोली-समूह की होकर नहीं रह गईं, बल्कि भाषिक समाज का अंग हो गई हैं। मैथिल-कोकिल विद्यापति हिंदी के आदि कवियों में समादृत हैं। क्या यह मैथिली को वृहत्तर परिप्रेक्ष्य नहीं देता और क्या इससे मैथिली का माथा ऊँचा नहीं होता ? इसी तरह हिंदी की अन्य बोलियों का साहित्य अपनी पृथक् पहचान रखते हुए भी हिंदी के विशाल भाषा-परिवार का अंग है। यह हिंदी के लिए भी गर्व का विषय है–और गंभीर

उत्तरदायित्व का भी। पूरे हिंदी भाषी समाज को कोशिश करनी चाहिए कि बोलियाँ अपने को अकेला और उपेक्षित न समझें। ऐसा करके वह बोलियों पर दया नहीं करेगा, बल्कि अपने सृजन-क्षेत्र को ही बढ़ाएगा और अपनी जड़ों से भी जुड़ेगा।

बोलियाँ भाषा की शक्ति का स्रोत होती हैं—क्योंकि वे जन-जीवन में जन्मती, पकती और साँस लेती हैं—यह 'जन' ही तो भाषा का जनक है। बोलियों का स्वभाव, शब्द, मुहावरे, गीत कथाएँ, कहावतें—सब कुछ भाषा की दुर्लभ निधियाँ हैं। यदि आदिवासी बोलियों के गीतों को ही लें तो देखेंगे कि उनमें जो अकृत्रिमता, आवेग, गति, उतार-चढ़ाव, वैविध्य और प्राण-शक्ति है, उसकी सानी परिनिष्ठित भाषा के गीतों में नहीं मिलेगी। वे कई बार फीके, घिसे हुए और अनुर्वर लगते हैं; वे यदि इनसे जिंदगी, मस्ती और ताज़गी ले सकें तो अपना ही भला करेंगे, क्योंकि जन-भाषा की यही सच्ची विरासत है। हैरत है कि हिंदी प्रदेशों में भाषा की साहित्य अकादमियों की तरह बोलियों की अकादमियाँ नहीं हैं, क्यों ? या क्यों कमतर हैं ? और केन्द्र में भी साहित्य अकादमी के स्तर की, बोलियों की कोई अकादमी नहीं है, तो क्यों नहीं है ? सारे प्रयास साहित्य अकादमियों में बोलियों के प्रवेश के लिए किए जाते हैं, जबकि उनकी समृद्धि और पारंपरिक निधि के संचयन का अतिरिक्त प्रतिष्ठान होना चाहिए, जहाँ वे अपनी पूरी आभा में खिल सकें और पूरी दक्षता में पनप सकें।

परंतु ऐसे प्रयास करने की अपेक्षा हम ऐसे नकारात्मक प्रयास कर रहे हैं जो हिंदी भाषी समाज को तेजी से खंडित करते हैं। बोलियों को भाषा से तोड़ने और पृथक् करने की प्रवृत्ति चिंता की हदों को छू गई है। चाहे यह उपेक्षा की प्रतिक्रिया हो या पृथक् नेतृत्व की आकांक्षा। कुल मिलाकर यह प्रवृत्ति न केवल हिंदी की आवाज़ को कमजोर कर रही है, बल्कि बोलियों में भी परस्पर विद्वेष जगा रही है। टूटने का कहीं अंत नहीं होता। क्षणिक उत्तेजना सदियों के सामंजस्य को तोड़ देती है, और जब यह सिलसिला शुरू हो जाता है तो इसका कहीं अंत नहीं होता...। जन-गणना में मातृभाषा की जगह बोलियाँ लिखवाने के लिए उकसाना इसकी चरम सीमा है।

हर हिंदी भाषी की कोई न कोई बोली है, लेकिन राष्ट्रीय संदर्भ में वह एक विराट भाषा-समाज का अंग है। इसे भूल कर यदि हम अपनी मातृभाषा बघेली, अवधी, भोजपुरी, मैथिली, राजस्थानी, ब्रज, मालवी या कोई और दर्ज करवाते रहेंगे तो हम सबकी भाषा—हिंदी—तो कहीं रहेगी ही नहीं, वही त्रासदी घटित होगी जो नूर लखनवी के इस शेर में कही गई है :

"इतने हिस्सों में बँट गया हूँ मैं
मेरे हिस्से में कुछ बचा ही नहीं।"

कभी सोचा है गहराई से—बोली—नेताओं ने कि हिंदी के भाषिक समाज को इस तरह अनाम कर देने का क्या नतीजा होगा ? न सिर्फ उसकी शक्ति, आवाज़; बल्कि राष्ट्रीय अस्मिता भी खंड-खंड हो जाएगी, क्योंकि हिंदी अपनी बोलियों का ही नहीं, राष्ट्र का सेतु है। पहले ही हम अंग्रेजी द्वारा लगातार अपदस्थ किए जा रहे हैं। अब क्या स्वयं अपने द्वारा ही अपने को निरस्त कर देना होगा ? अंग्रेजी के लिए इससे बढ़कर उत्सवी दिन दूसरा नहीं होगा क्योंकि उसका भारत में हिंदी से बढ़कर कोई शत्रु और कोई चुनौती नहीं है, यह इस पंद्रह अगस्त को लाल किले की प्राचीर से भी सिद्ध हो चुका है कि हिंदी ही वह जन भाषा है, जिसका विकल्प तथाकथित दूसरी 'लिंक-लेंग्वेज़' नहीं है। पहली बार देवगौड़ाजी ने अंग्रेजी को अपना असली चेहरा दिखाया है। लेकिन वह हारनेवाली नहीं है। हिंदी के अनेक बोली-नेताओं को अच्छी तरह समझ लेना चाहिए कि हिंदी, साहित्य या ज्ञान के बल पर नहीं, बहुसंख्यक जनता के बल पर राष्ट्रभाषा है। इसके छिन जाने या कमजोर पड़ने पर समूचा देश गूँगा हो जाएगा, खासकर देश की बहुसंख्यक गरीब जनता, जिसके लिए न अंग्रेजी स्कूल हैं न द्विभाषिक बिचौलिए।

आज की दुनिया में यह सोचे बगैर नहीं चलेगा कि हमारे सीमित स्वार्थी कारनामों के कितने बड़े दुष्परिणाम निकलते हैं। भारत के कुछ उत्तेजित लोग यदि यहाँ किसी समाज के दस लोगों का कत्ल कर देते हैं तो संसार भर में भारतवंशियों की कितनी लाशें बिछ जाती हैं ? अपनी उत्तेजना को कुछ लोग अपनी सुरक्षा भले समझ लें, असंख्य लोगों को असुरक्षित कर देते हैं। संदेह और अफवाहों के हाथ हमेशा सच से ज्यादा लंबे होते हैं, जो देखते-देखते फूस की आग की तरह फैल जाती है। इसलिए नेताओं को चाहिए कि तोड़नेवाली किसी भी योजना के पहले (चाहे वह भाषा को तोड़ने की हो या समाज को) अपनी आँखों में बड़ा नक्शा बिछा कर चीजों को एनलार्ज करके देख लें, क्योंकि उनकी आँखों में मायोपिया है।

क्या हम समझते हैं कि समृद्ध बोलियाँ हमारे पास ही हैं ? कौन-सी भाषा है जिसके पास समर्थ बोलियाँ नहीं हैं ? रूसी, चीनी, जापानी या देशी भाषाओं में बांग्ला, तमिल, ओड़िया··· किसके पास नहीं है एक से एक समृद्ध बोली ? परंतु किसी भाषा के बोली-नेताओं ने जनता को यह सीख नहीं दी कि राष्ट्रीय जनगणना में मातृ भाषा की जगह बोली लिखवाएँ। आश्चर्य है कि यह अप्राकृतिक टूटन और विशृंखलता हिंदी भाषी समाज में ही क्यों पैदा हो रही है—जिस पर अपनी भाषा की रक्षा, विकास और एकजुटता की ही नहीं, देश की एकजुटता की ज़िम्मेदारी है।

राष्ट्रीय स्तर पर अपने को बोलियों में बाँट कर हिंदीभाषी समाज अपना

क्या हित कर रहा है, यह जरा हिंदीतर भाषी प्रदेशों से, खासकर वहाँ के कामगारों और गरीबों से पूछिए। वे कैसे अलग-थलग पड़ गए हैं। और निर्वासन की दहलीज पर खड़े हैं। बंगाल के ज्योति बाबू का ही बयान है कि कलकत्ता में साठ फीसदी हिंदी भाषी हैं; अगर हैं, आपके ही शब्दों में, तो फिर मोशाय आकाशवाणी और दूरदर्शन से उन्हें रोज़ देश-विदेश की खबरें पाने का अधिकार क्यों नहीं है ? उनकी रजिस्ट्रियाँ, तार, धनादेश हिंदी में क्यों नहीं लिए जाते या इसमें रोड़े क्यों अटकाए जाते हैं और अंग्रेजी में लिखने को क्यों बाध्य किया जाता है ? इस तरह के दुस्साहस के पीछे क्या हिंदी भाषी-समाज के बिखराव का कोई हाथ नहीं है ? लेकिन ! उधर हमें यह भी पूछना है कि हमारी सरकारों और नौकरशाही की इस मानसिकता के पीछे स्वाधीन राष्ट्रीय दृष्टि है या औपनिवेशिक मानसिकता ? और हिन्दी को कमज़ोर करके क्या हम भारतीय भाषाओं को कमज़ोर नहीं कर रहे हैं जो हंदी का विकल्प तो नहीं बन सकतीं, हाँ, पराधीनता की भाषा के लिए पाँवड़े जरूर बिछा सकती हैं। हैरत है कि अपने ही देश की भाषा से भयाक्रांत लोगों को वह बड़ा भय क्यों नहीं दिखाई दे रहा है जो विदेशी भाषा के माध्यम से हमारी समस्त भाषाओं पर बमों की तरह साक्षात् बरस रहा है ! अपना पड़ोसी सुखी न रहे क्या इसीलिए किराए के नगाड़ा पीटनेवालों को अपने घर में बुला कर, स्वयं की शांति नष्ट कर लेनी चाहिए ?

[सितंबर 1996]

22

पुल टूटता हुआ

'कवि सम्मेलन' किसी समय लिखित साहित्य का समानांतर मंच था, जो समूह की उत्सवप्रियता और आह्लाद को सर्जनात्मक रुझान देता था। राष्ट्रीयता, प्रेम, करुणा, सद्भाव और समकालीन समस्याओं को रंजक और आकर्षक शैली में हजारों श्रोताओं की अनुभूति का भाग बनाते हुए, उनमें साहित्य के प्रति ऐसी तृषा जगाता था, जो महज श्राव्य-सीमा में बँध कर नहीं रह सकती। वाचिक साहित्य से सच्चा जुड़ाव लिखित साहित्य के प्रति ललक पैदा करता है, क्योंकि श्रोता उस अपरिमित संसार से जुड़ना चाहता है जिसकी मनोरम झलक भर उसने यहाँ पाई है। कवि सम्मेलन ने अर्से तक महत्त्व का यह काम किया है।

आज जब हम साहित्य से पाठक की बढ़ती दूरी से बेहद चिंतित हों, तमाम कारणों की पड़ताल कर रहे हैं, तब हमें उस अनिवार्य पुल की ओर भी ध्यान देना होगा, जिसे लगभग तोड़ डाला गया है।

यह नहीं भूला जा सकता कि कवि सम्मेलन सामूहिक सम्प्रेषण का मंच रहा है। इसलिए इसमें हमेशा ऐसी रचनाएँ पढ़ी जाती हैं, जो सहज रूप से जन-जन तक पहुँचें। ये रचनाएँ अक्सर गहन पाठ्य रचनाओं के स्तर की नहीं होतीं। कदाचित् इसीलिए शुद्ध कवि सम्मेलनी कवि साहित्य चर्चा में कभी गंभीरता से नहीं लिए गए, या कहें कि वे अक्सर वहाँ अचर्चित रहे। इसका मलाल तो उन्हें तब भी रहा होगा, परंतु इसकी क्षतिपूर्ति तीन तरह से होती थी। एक तो उन्हें समझदार, गुणग्राही श्रोता बड़ी संख्या में उपलब्ध थे जो उन्हें रचनात्मक संतोष देते थे; दूसरे, वे आश्वस्त थे कि उनके पास जनता तक सीधे पहुँचने का सशक्त वैकल्पिक मंच है; तीसरे, तत्कालीन बड़े रचनाकार जब-तब कवि सम्मेलन में भाग लेकर इस मंच के महत्त्व की पुष्टि करते थे।

परंतु स्वाधीनता के आसपास नए कवियों और रचनाकारों का जो दल आया उसने कवि सम्मेलन का गंभीर साहित्य से वास्तविक संबंध न सिर्फ नहीं

पहचाना, बल्कि इस मंच की अवहेलना; अपमान की हद तक की। वे स्वयं न चाहते तो मंच पर कविता न पढ़ते, परंतु उन्होंने अपने पूरे व्यवहार से प्रकट किया कि मंच पर कविता-पाठ करना निम्नस्तरीय कवियों का काम है। इस विचार ने अनायास ही उस बृहत् श्रोता वर्ग का भी अवमूल्यन कर दिया जो इस मंच के माध्यम से उनका भी बेहतर पाठक हो सकता था। नवीन, गंभीर और उत्तरदायी लेखन-कर्म के महत्त्व से उस समय मंच कवियों ने इन्कार किया हो, इसका कोई प्रमाण नहीं है। परंतु नए रचनाकारों के बर्ताव ने उन्हें और उनके श्रोताओं को क्षुब्ध कर दिया और वे समकालीन रचना-कर्म से उदासीन, बल्कि किसी हद तक विरुद्ध हो गए। यह एक अवांछित प्रक्रिया थी क्योंकि मंच और लेखन में टकराव का कोई बिन्दु नहीं था। फिर भी यह स्थिति क्यों पैदा हुई ? क्या व्यापक श्रोतावर्ग को आकृष्ट न कर पाने, या सामूहिक संप्रेषण की अक्षमता या विशिष्टता-बोध को प्रभामंडित करने के लिए इस मंच को निरस्त करना अनिवार्य था ? अगर रघुवीर सहाय जैसे मान्य कवि किसी छोटी-सी गोष्ठी में भी इतनी धीमी आवाज में कविता पढ़ें कि श्रोताओं के कानों तक ठीक से न पहुँचे तो इससे न उनका महत्त्व घटता है और न इसके लिए हजारों श्रोताओं के कानों तक पहुँचनेवाली आवाज को नकारना जरूरी होता है, बल्कि मुक्तिबोध को तो यह पीड़ा हमेशा सालती रही कि उनकी रचनाएँ उस समाज तक नहीं पहुँच पातीं, जिसके लिए वे लिखते हैं। इससे मुक्तिबोध की महत्ता कम नहीं होती। परंतु यदि कवि सम्मेलनों की स्वस्थ परंपरा से प्रेरित श्रोता उन्हें उपलब्ध होते तो शायद उनकी कविताएँ भी व्यापक समाज द्वारा पढ़ी जातीं और समझी भी जातीं। क्योंकि कवि सम्मेलन के कवि पाठक की मानस-भूमि को अपने प्रयत्न से जोतते और सरसता से सींचते रहे हैं। अगर वह उर्वर होती तो उसका लाभ किसे मिलता ? हाँ, यदि कवि सम्मेलन के स्वरूप, प्रक्रिया और स्तर से कोई शिकायत थी तो उसे दर्ज कराया जा सकता था।

व्यक्तिगत और सामूहिक अपील की टकराहट का विचार अपने आप में ही बेतुका है। झरने की धारा सघन होती है, जबकि विशाल भू-भाग को सींचने वाली बारिश बूँद-बूँद छितराती है। दोनों में स्वरूप का अंतर है, प्रभाव क्षेत्र का अंतर है और साहित्य में तो यह अंतर स्तर का भी है। परंतु इससे उनकी भिन्न-भिन्न भूमिकाओं का महत्त्व कम नहीं होता। हर युग में साहित्य के स्तर और पाठकों की कोटियाँ रही हैं। परंतु हमेशा व्यापक संप्रेषण को गहन और मार्मिक साहित्य का उपकारक माना गया है। आखिर निचली सीढ़ी को भी तो इतना मजबूत होना चाहिए कि उस पर पैर रख कर कोई ऊपर चढ़ सके। यदि सहानुभूति से देखें तो बेहतर पाठक और साहित्यानुरागियों की पौध तैयार करने में उन लोगों का अवदान कहीं ज्यादा है जो निचली सीढ़ी बनकर इतिहास में

अनाम दफ़्न हो जाते हैं।

यदि नए कवि किस्म-किस्म की प्रयोगशीलता, असामान्य अनुभूतियों और विरल भाषा प्रयोगों के कारण बड़े पाठक समाज तक सीधे पहुँचने में समर्थ नहीं थे, तो कम-से-कम उन्हें ऐसा वातावरण नहीं बनाना था और न ऐसा दंभ पालना था कि गिने-चुने समानधर्मी और समानकर्मी लोगों के बीच पढ़ा या समझा जाने वाला साहित्य ही साहित्य है। एज़रापाउंड जैसे कवि अगर ऐसा मानते थे तो जरूरी नहीं था कि हिंदुस्तान के कवि भी यही मानते। भारत जैसे देश में पाठकीय संभावनाओंवाले श्रोताओं को सहेज कर रखना बहुत जरूरी था, और अब भी है। प्रेमचंद, प्रसाद, निराला, पंत, आचार्य शुक्ल को यदि बहुतायत में पाठक मिले तो इसका एक कारण यह भी था कि अपनी भिन्न प्रकृति के बावजूद उन्होंने कभी समानांतर साहित्यिक प्रयत्नों की अवहेलना नहीं की, न संभावित पाठक-वर्ग को हीनता बोध से ग्रस्त किया। जिन्होंने मैथिलीशरण गुप्त को मंच पर मुँह में पान भरे, अटपटे ढंग से कविता पढ़ते देखा है वे जानते हैं कि कविता की बजाय उनकी उपस्थिति श्रोता और कवि समाज के लिए प्रीतिकर और सम्मानप्रद थी। इसके बरक्स अज्ञेय हैं, जो एक कवि सम्मेलन में प्रसंगवश उपस्थित थे, परंतु बार-बार अनुनय करने पर भी उन्होंने कविता की एक पंक्ति भी नहीं सुनाई। यह ठीक है कि वहाँ ज्यादातर कवि सामान्य से भी निचले स्तर के थे, और श्रोताओं में भी उन्हें समझनेवाले नगण्य थे, फिर स्वयं अज्ञेय भी ऐसी भीड़-भाड़ में कविता पढ़ने के अभ्यस्त नहीं थे। परंतु लोग शायद काव्यानंद के लिए उनसे कविता सुनना नहीं चाहते थे (क्योंकि अपनी स्थिति का एहसास उन्हें भी था) बल्कि, अपने को गौरवान्वित अनुभव करने के लिए उन्हें कविता पढ़ते हुए देखना चाहते थे। यदि अज्ञेय पढ़ते तो कवियों और श्रोताओं का कुछ संस्कार जरूर होता। परंतु अपनी उपस्थिति को अनुपस्थिति दर्शाकर उन्होंने उस जन-समाज को न केवल अपने से कुछ विरक्त ही किया वरन अपने समानधर्मियों से भी उदास किया। जाने या अनजाने, किसी में हीनताबोध जगाकर आप उसे अपने गरिमामय कर्म से जोड़ नहीं सकते। (यह एक प्रासंगिक उदाहरण भर है, अज्ञेय के व्यक्ति और कवि पर कोई टिप्पणी नहीं है।) क्या यह रचनाकार का अनिवार्य दायित्व नहीं है कि वह पाठकों या श्रोताओं के स्तर या कोटियों में गत्यात्मक अग्रगामिता पैदा करे ?

कवि सम्मेलन की अनवरत उपेक्षा और बहिष्कार के क्या नतीजे हुए ? मंच कवि श्रेष्ठ और सजग सेंसर से वंचित हो गए। जब मंच कवियों को लगा कि उन्हें सही निगाहें देख नहीं रही हैं, या उनकी साहित्य में कोई पूछ-परख नहीं है, उल्टे अनादर किया जाता है तो वे उन उद्देश्यों के लिए क्यों जूझें जो साहित्य के हैं। हालाँकि (अगर यह सोच था तो) एक गलत और बचकाना सोच था।

क्योंकि अपना उत्तरदायित्व कोई दूसरा नहीं, हम ही तय करते हैं और अगर संघर्ष करते हैं तो उन्नत अस्त्रों का उपयोग करते हैं न कि ऐसे घटिया औजारों का, जो हमारे ही विनाश का कारण बनें। लेकिन संयोग या दुर्योगवश यहाँ यही हुआ। अधिकांश कवि शुद्ध व्यावसायिक बनते गए और निरंतर सर्वतंत्र स्वतंत्र और दिशाहारा होते गए। कुछ लोग कविता के मंच पर ऐसे तमाम ऊल-जलूल कारनामे करने लगे जो सस्ती भीड़ और पैसा दोनों देते हैं। वे भूल गए कि जब कोई कवि व्यापक जन-मंच पर खड़ा होता है तो उसके साथ उसकी भाषा और साहित्य भी खड़ा होता है—वर्तमान और विरासत दोनों। अपने को मंच पर जमाने के लिए क्या सामाजिक, साहित्यिक और मानवीय मूल्यों को उखाड़ फेंकना चाहिए ? अगर उनकी समझ से यही सही है तो यह भी जान लेना चाहिए कि जब पानी के टैंक में ज़हर घोला जाता है, तो वह अपने घर के नल में भी आता है। कई बार यह सोच कर दहशत होती है कि साहित्य से अनजान जनता यदि मान बैठे कि हिंदी में ये ही कवि और ये ही कविताएँ हैं तो अपनी भाषा और साहित्य के बारे में उसकी क्या धारणा बनेगी ? क्या उसमें साहित्य की तृषा जागेगी ? और अगर जागेगी तो किस स्तर की ? फिर अगर वह पढ़ेगी भी तो क्या और कैसा साहित्य पढ़ेगी ? लेकिन यह कहा किससे जाए क्योंकि दुर्भाग्य से आज आयोजन के स्तर पर कवि सम्मेलन का मंच तेजी से प्रतिबद्ध साहित्यकर्मियों के हाथ से खिसकता जा रहा है। दूसरी ओर वह कुछ बचे-खुचे उत्तरदायी मंच-कवियों के हाथों से भी निकल कर मदारियों, नटों, प्रलापियों और चुटकुलेबाजों के हाथों में जा रहा है। यानी दोनों स्तरों पर जो सही था, वह अप्रासंगिक हो रहा है—यहाँ तक कि खुद सही श्रोता भी जिसकी दुहाई दी जाती है। एक वक्त था जब कवि सम्मेलन में ऐसे बहुत से श्रोता होते थे जो मर्मज्ञ और सामाजिक-मानवीय मूल्यों के प्रति सतर्क रहते थे। एक कवि सम्मेलन की घटना मुझे भूलती नहीं जिसमें एक लोकप्रिय कवि ने अश्लील-सी लगने वाली कविता पढ़ी। आधी कविता भी वह पढ़ नहीं पाया कि अधिकांश पंडाल चुपचाप खाली हो गया। यह मौन प्रतिवाद भी था और क्रुद्ध चेतावनी भी। वैसे कला-माध्यमों में श्लील-अश्लील का प्रश्न सापेक्ष है। लेकिन समूह का एक शील होता है, जहाँ बैठकर व्यक्ति अपने चारों ओर बैठे समास्वादी लोगों से जुड़ता है। किसी भी अच्छी या बुरी अभिव्यक्ति की जाँच यहाँ सामूहिक स्तर पर होती है। इसी के आधार पर जन-मंच का शील निर्धारित होता है। लेकिन आज प्रायः न कवि की मर्यादा रही है न श्रोता की। मंच से जाने क्या-क्या श्रोताओं पर फेंक कर मारा जाता है, यहाँ तक कि फूहड़ राजनीतिक, अश्लील और घोर सांप्रदायिक कविताएँ भी (बदकिस्मती से इन्हें कविता कहना पड़ रहा है क्योंकि इसके लिए कोई दूसरा शब्द नहीं बना) ये कविताएँ मन में नहीं उतरतीं, श्रोताओं की

खोपड़ी पर कवायद करती हैं और बिलकुल फौजी धमक में; तो भी बहुत से श्रोता परेशान नहीं होते बल्कि कुछ तो जोर-शोर से दाद देते हैं। अच्छे कवि और श्रोता जो अल्प संख्यक रह गए हैं, सब कुछ झेलने और पछताने के अलावा कुछ नहीं कर पाते। असंस्कृत भीड़ का उछाह ही मानो इस मंच का तकियाकलाम बन गया है कि श्रोता ऐसी ही चीजें पसंद करता है, और जो वह पसंद करता है वही तो उसे दिया जा सकता है। यही उपभोक्तावादी मानदंड है। सवाल यह है कि यह पसंद उसमें किसने पैदा की ? तमाम मूल्यहीन कला-माध्यमों ने पहले तो श्रोताओं, दर्शकों और पाठकों की रुचियों को सस्ता बनाया, फिर सस्तेपन की दुहाई देकर उससे भी अधिक सस्तेपन पर स्वयं उतरे; इसी तरह सस्तेपन का अंतहीन दुश्चक्र चलता है। भला बताइए कि यदि मनुष्य की रुचियों को सुसंस्कृत करने के लिए रचे गए माध्यम और उपक्रम ही उसका संस्कार नहीं करेंगे तो कौन करेगा ?

कवि सम्मेलनों के ठीक पड़ोस में उर्दू के मुशायरे हैं। वहाँ प्रायः न तो ऐसा संयोजकनुमा जीव होता है जो मुशायरे का एक चौथाई समय स्वयं चाट जाए या बेतुके उद्धरणों और जुमलों से मंच को पाट दे। अक्सर शायर भी जरूरी हुआ तो दो-एक वाक्यों में भूमिका देता है और पूरे समय शायरी पढ़ता है—और साहित्यिक उत्तरदायित्व के साथ। रचना का चयन और प्रस्तुति भी प्रायः श्रोताओं के बड़े समुदाय को ध्यान में रख कर की जाती है; यद्यपि रचना हमेशा आसान नहीं होती, क्योंकि कवि को अपने श्रोताओं पर भरोसा है, अपनी कविता और साहित्य के लोक व्यापी प्रयोजन पर भरोसा है। वह अक्सर यह नहीं मानता कि 'शायर ही शायरी है' बल्कि मानता है कि 'शायरी ही शायर है।' तभी मुशायरे का प्रायः 90 प्रतिशत समय कविता को समर्पित होता है। मुशायरे में अपने समय के मशहूर शायर भी जब-तब शिरकत करते हैं। यह भी एक कारण है कि वहाँ सामूहिक अपील के साथ साहित्यिक शील भी जीवित है। यों, चौतरफा विकृति के माहौल से मुशायरे भी बचे नहीं हैं, फिर भी उनमें बहुत कुछ बचा है। यह उदाहरण मैंने कवि सम्मेलन की शैली और स्तर के लिए दिया है; हिंदी-उर्दू कविता की तुलना के लिए नहीं। जहाँ तक लेखन का सवाल है हिंदी में बहुत अच्छी कविताएँ बड़े परिमाण में लिखी जा रही हैं। इसमें उत्तरदायी रचनाकर्मियों की विपुलता है। मेरा आशय सिर्फ यह है कि कविता का सही उत्तरदायित्व जन-मंचों पर भी परिलक्षित होना चाहिए।

श्रोता यदि कविता का है तो गलत नहीं होता, या तो उसे गलत बनाया जाता है या गलत समझा जाता है। भरसक नष्ट करनेवाली स्थितियों के बावजूद कविता का श्रोता अब भी नष्ट नहीं हुआ है, आज भी उसमें आधारभूत मूल्य बचे हैं, सामाजिक और सांस्कृतिक शील बचा है, आज भी वह अच्छी रचनाओं को

सराहता और उनसे प्रेरित होता है। दूसरी ओर मंच पर आज भी ऐसे कवि (भले ही दो-एक) दिखाई देते हैं जिनमें रचनात्मक प्रतिभा, लोक-संवेदन, उत्तरदायित्व की भावना और प्रभावशाली प्रस्तुति का कौशल है। इसी के बल पर कवि सम्मेलनों की गरिमा वापस लाने का आग्रह किया जा रहा है। यदि यह संभव हो सका तो समझा जाएगा कि इस क्षेत्र में अंधेरे का एक दौर आया था, जो समझदार कवियों और श्रोताओं की पहल से छँट गया। रचनाकार हमेशा समाज के आगे मशाल लेकर चले हैं, अब फिर चलेंगे तो उनका खोया हुआ सम्मान अधिक महत्त्व से लौटेगा, क्योंकि मशाल सबसे पहले वही चेहरा उजालती है जिसके हाथ में वह होती है।

संभव है साहित्य के कुछ संभ्रांत नागरिकों को कवि सम्मेलन के बारे में चर्चा करना ही अवांछित लगे। परंतु व्यापक जन-माध्यमों को, फिर चाहे वह सिनेमा हो, दूरदर्शन हो या कवि सम्मेलन; प्रबुद्ध वर्ग द्वारा नकारने या अनछुए छोड़ने के दुष्परिणाम हम देख चुके हैं। न तो उनका अस्तित्व मिटाया जा सकता है, न उनके प्रसार और प्रभाव को थामा जा सकता है और न उनकी उपेक्षा करने से वे उपेक्षित हो सकते हैं—उल्टे अनियंत्रित, अनर्गल और प्रदूषित होकर वे उस जन समुदाय को ही लगातार भ्रष्ट करते हैं जो साहित्य और कलाओं का भी समाज है। इसलिए इन माध्यमों पर प्रखर आलोचना दृष्टि निरंतर रखी जानी चाहिए। चर्चा के केन्द्र में रख कर ही उन्हें दिशा दी जा सकती है। यह जरूरी भी है क्योंकि दुनिया विनाश और भ्रंश की नहीं, सृजन की विरासत है; वह जनता की सामाजिक, सांस्कृतिक, साहित्यिक और मानवीय धरोहर है। इसलिए उसका संवर्द्धन और संरक्षण पीढ़ियों का अनिवार्य नैतिक दायित्व है।

[जून 1997]

23

पुरस्कारों की रणनीति

ज्याँ पाल सार्त्र जैसे कितने लेखक हैं जो 'नोबल' जैसे विश्व स्तर के पुरस्कार को 'आलू का बोरा' कहकर ठुकरा देते हैं ! यह बात सच्चे लेखक के चरित्र से मेल खाती है। इसी बूते पर तो दगाल जैसा अपने को राष्ट्र समझनेवाला राष्ट्राध्यक्ष मानता था कि 'सार्त्र भी फ्रांस है।' वरना आज कितने ही लेखक हैं जो पहले तो पुरस्कार पाने के लिए योजनाबद्ध उद्यम करते हैं लेकिन घोषित हो जाने पर उसे 'आलू का बोरा' कहते हैं और ले लेने के बाद उसकी व्यर्थता पर संत-मुद्रा में बयान देते हैं ! यह कैसे हो सकता है कि 'काँख भी छिपी रहे और मुट्ठी भी तनी रहे'; 'ठठाकर हँसें भी और गाल भी फूले रहें !' अब तो लोग 'आलू का बोरा' भी तौलने लगे हैं—"देना हो तो हमारे वज़न का बोरा दो...!" पुरस्कारों की 'बहुलता' से चयन की सुविधाएँ भी बढ़ गई हैं। इतने विकल्प खुले हुए हैं कि आप चाहें तो धर्म की राजनीति करनेवालों को ठुकरा कर जाति की राजनीति करनेवालों से ले सकते हैं; कंप्यूटर के निर्माता धनाढ्य से न लेकर दवा-निर्माता धनाढ्य से ले सकते हैं। तर्क के इतने 'बहुवचन' हैं कि प्रतिक्रियावादी कहकर भी उसी सरकार से पुरस्कार लेकर कह सकते हैं कि "पैसा जनता का है। हमने पुरस्कार लिया है। अपने को बेचा नहीं। हम जिससे पुरस्कार लेंगे उसे धिक्कारेंगे भी।" ऐसे तमाम करतब करते हुए ये लोग भूल जाते हैं कि आप डाल-डाल हैं तो जनता पात-पात है। वह भले ही राजनीति न करती हो, लेकिन राजनीति, आप से ज्यादा समझती है। वह पदों, पुरस्कारों, अभिसंधियों और उपलब्धियों का अवैध संबंध गौर से देख रही है, आपके शब्द को कर्म से तोल रही है—इसलिए आप भले ही सातवें आसमान पर चढ़कर 'सत्य' की उद्‌घोषणा करें, वह उस 'हिरण्मय पात्र' को देख रही है जिसमें आपका 'सत्य' चूहे की तरह ढका हुआ है। कई लोगों को जनता की स्मृति के बारे में बड़ा धोखा है। जैसे राजनीति-कर्मी सोचते हैं कि चार साल हमारे, पाँचवाँ साल जनता का। लेकिन

छठे साल वह बता देती है कि आपकी सत्ता का पहला दिन भी वह नहीं भूली है। जनता की चुप्पी का अर्थ जब तक दिग्गजों की समझ में आता है तब तक नावें डूब चुकी होती हैं। जैसे साहित्य के शब्दों की नावें डूबने लगी हैं।

वीरेंद्र कुमार भट्टाचार्य कितनी ईमानदारी से बोले, जब उनसे पुरस्कारों के बारे में पूछा गया "मेरी व्यक्तिगत ख्याति पुरस्कारों, खासकर ज्ञानपीठ पुरस्कार के कारण है। इसलिए पुरस्कारों की निंदा करना मुझे उचित नहीं लगता, कहीं अनैतिक भी। लेकिन मैं इस बारे में निश्चिंत हूँ कि पुरस्कारों से प्राप्त ख्याति सामयिक और क्षणिक होती है। मैं जानता हूँ कि शेक्सपीयर, गेटे, रवींद्रनाथ, कालिदास हमेशा रहेंगे, पर मैं नहीं रहूँगा।" पुरस्कारों का महत्त्व स्वीकार करते हुए भी वे कहते हैं–"अब पुरस्कारों की बाढ़ आ गई है और कसौटियाँ नहीं रह गई हैं, सो पुरस्कारों का मूल्य निश्चय ही घट गया है।" (वागर्थ जनवरी, 95)। यह है सच्चे लेखक का चरित्र इसमें पुरस्कार के प्रति स्वीकार भाव भी है, आत्म मूल्यांकन भी और उसमें से लुप्त हो गई कसौटी तथा अवमूल्यन की चिंता भी। ऐसी ही ईमानदार बात एक छोटी जगह राँची में 'विद्याभूषण' ने पुरस्कार लेते हुए कही, अपने भीतर उतरती और अपने को मथती हुई यह चिंता विवेक संगत है।

परंतु पुरस्कार पारंगतों को पता है कि आज पुरस्कार का 'मूल्य' चाहे घट गया हो उसका अर्थ (पैसा) बढ़ गया है और कसौटियाँ लुप्त नहीं हुई हैं, बदल गई हैं। इसे देखते हुए ही उन्हें अपनी स्ट्रेटेजी तय करना है और उस पर अडिग रहना है। आपने देखा ही है कि देश के सर्वोच्च प्रतिष्ठान के पुरस्कारों की घोषणा से पहले ही अखबार घोषित कर देते हैं–वह भी जो घोषित हुआ है और वह भी जिसे छिपाया गया है, फिर भी क्या होता है ? सब यथावत् ! कहीं कुछ नहीं बदलता, न कोई पद से हटता है, न ही आत्मग्लानि से पुरस्कार अस्वीकारता है। क्या वीरेंद्रकुमार भट्टाचार्य के जमाने में यह सब यूँ ही घट सकता था ?

असल में पुरस्कार की बाढ़ चिंता का विषय नहीं है। कम पुरस्कार थे तो लेखक भी कम थे। जिस अनुपात में वे बढ़े हैं, लेखन बढ़ा है; उस अनुपात में शायद पुरस्कार नहीं। अच्छा लिखा जाना यदि अधिकाधिक सम्मानित होता है, उसके प्रति लोगों का ध्यान आकृष्ट होता है और अगर लेखक की कुछ सहायता भी हो जाती है, उसे बल मिलता है तो हर्ज़ क्या है ? वैसे भी गंभीर लेखन की ऐसी भरी-पूरी दशा नहीं है कि इस ओर से लेखक उदासीन हो। हमारे जैसे देश में तो पुरस्कार कई स्तरों पर क्षति-पूर्ति हैं। इसलिए पुरस्कारों के विरुद्ध वातावरण बनाना किसी हद तक अनुचित और अनैसर्गिक है; और यह भी कौन-सी नैतिकता है कि जो पुरस्कृत करे उसे आप तिरस्कृत करें ! इतना ही नहीं, पुरस्कार के साथ ही तिरस्कार के द्वारा भी अपनी प्रतिष्ठा बढ़ाना चाहें।

जैसे कोई लेखक अपने युवा काल में की गई रंगरेलियों से तब तो आनंद उठाए ही, बाद में भी, बुढ़ापे में उसका रस लेकर ब्यौरा देते हुए अपने को साहसी और जीवटवाला भी प्रदर्शित करे और पुरस्कृत भी हो–"शाबास ! क्या लिखा ?" परंतु ऐसे मूल्यांकन की कसौटियों ने क्या यह देखा कि उसने लिखा क्या ? उसका सामाजिक और नैतिक मूल्य क्या है ? तो प्रश्न, दृष्टि सही रखने का है, कसौटी सही रखने का और निष्पक्षता का है। अगर विरोध करना है तो पुरस्कारों का नहीं, पुरस्कारों की विकृतियों का किया जाना चाहिए। और उन अनैतिक अभिप्रायों का भी जो इनके पीछे मध्याह्न की छाया की तरह छिपे हैं।

कुछ रवैये बड़े विचित्र लगते हैं, मसलन जो लेखक जितने ऊँचे स्वर में आलोचक की निंदा करता है, वह अपने पर प्रशंसा भाव से लिखे जाने के लिए सबसे अधिक लालायित रहता है; जो विश्वविद्यालय की शोधों के विरुद्ध भाषण झाड़ता है वही चाहता है कि उस पर शोध कार्य हो, जो प्रोफेसरों की निंदा करता है, वही अपने को पुस्तकों में शामिल करने के लिए उन्हें तरह-तरह से प्रसन्न करता है। यह किसी अनूठे रहस्य का उद्घाटन नहीं है। आलोचक, शोधकर्ता, प्रोफेसर सभी इससे परिचित हैं। यही बात पुरस्कारों की निंदा को लेकर भी है। ठीक है, बुराइयाँ जहाँ हों, उन पर आक्रमण होना चाहिए, लेकिन यदि आक्रमण करनेवाला आत्म-मोह से ग्रस्त हो, होशोहवास में न हो और उसका असली इरादा बुराइयों को दूर करने का न होकर उनसे लाभ उठाने का हो तो इसे आप कैसा विरोध कहेंगे ? और इसे भी कौन-सी बुद्धिमानी कहेंगे कि चीज़ों का ऐसा सामान्यीकरण कर दिया जाए कि उसके गुण भी दोषों में शामिल हो जाएँ ! शब्दों की मौत क्यों हो रही है ? ये विकृत अर्थों में क्यों बदलते जा रहे हैं ? क्या सिर्फ राजनीति के कारण ? साहित्य की राजनीति और लेखक के चारित्रिक पतन के कारण नहीं क्या ?

[अगस्त 1995]

24

पाठक का भय

जब कोई साहित्यिक पत्रिका अधिक से अधिक पाठकों से जुड़ने की इच्छा व्यक्त करती है, तो अकस्मात् कुछ लोग भयभीत हो जाते हैं। उनका डर ऊपर से बड़ा निरीह और सात्विक प्रतीक होता है; लेकिन भीतर से बहुत काँइया और आत्मकेन्द्रित है। उन्हें सहसा अपने ऐलिट समाज का पवित्र एकांत नष्ट होता दिखाई देने लगता है। मैं पूछना चाहता हूँ कि क्या साहित्य किसी बंद कमरे की गुप्त बैठक है ? वह तो चौहद्दी मैदान में सबके लिए उपलब्ध होना चाहिए। साहित्य की समझ और आस्वादन की पात्रता, कोई और नहीं, स्वयं पाठक तय करता है। मैंने अनुभव किया है कि अगर कोई पाठक बहुत जिद्दी, दुराग्रही या प्रसुप्त न हो तो वह साहित्य के स्तर तक स्वयं को उठाने की कोशिश करता है, उसे समझने और उसके रेशे खोलने की जद्दोज़हद करता है, बशर्ते कि साहित्यिक पत्रिकाएँ, सर्जनात्मक लेखन और प्रचार-प्रसार की उत्तरदायी संस्थाएँ अपनी ओर से भी पाठक के प्रति विनम्र हों, या कम से कम उसकी उपेक्षा और तिरस्कार न करें।

इस बीच हिंदी लेखन में ऐसे लोगों की संख्या बढ़ी है, जो मूलतः अंग्रेजी या आयातित विचारों से जुड़े हैं; वे नहीं चाहते कि हिंदी का मौलिक पाठक-समाज उठ खड़ा हो और उनकी कृत्रिम बौद्धिकता को बेनकाब करे; पत्तों-पत्तों पर विचरती उनकी तथाकथित बौद्धिक संवेदना को अपनी अनुभूत संवेदना की उर्वरता से चुनौती दे। जिनकी सारी पूँजी उधार की होती है वे ही जातीय पाठक की विपुल शक्ति से भयभीत होते हैं। इन चन्द डरे हुए लोगों को छोड़ दें तो सामान्यतया प्रबुद्ध और प्रतिभाशाली लेखक हमेशा इस पीड़ा से ग्रस्त रहता है कि अगर उसकी रचना लक्षित पाठक तक नहीं पहुँचती तो वह आखिर लिखे किसके लिए ? लिखता किसके लिए है ?

ज़ाहिर है कि हिंदी में पिछले काफ़ी समय से रचना और पाठक के बीच दरार का मुख्य कारण सर्जनात्मक न होकर फैशनपरस्तों की ज़मात या विशेष

विचारधारा और लेखक वर्ग की शतरंजी चाल रहा है, जिसमें एक-दूसरे को पछाड़ने, परस्पर प्रशंसा से निरर्थक लेखन को पतंग बनाने की कूटनीति ही प्रधान रही है। ज़ाहिर है कि उनकी परस्पर उठा-पटक में पाठक की दिलचस्पी नहीं हो सकती है। उल्टे इस प्रवृत्ति ने पाठक को साहित्य मात्र से अनमना बनाने में अपनी भूमिका निभाई है और बहुत से अच्छे साहित्य को पाठक की नज़रों से दूर रख कर साहित्य को भी हानि पहुँचाई है। इसलिए पाठक और लेखक के बीच जिस दरार की बात कही जाती है, वह डाली गई है; वह अस्वाभाविक और कृत्रिम है; क्योंकि श्रेष्ठ साहित्य से पाठक का विमुख होना अपने आप में एक कृत्रिम स्थिति है। हमारा यह भी आशय नहीं कि अगर ऐसी कोई दरार सचमुच है तो उसे कचरे से पाटा जाए। क्योंकि हीन संवेदनों को उकसानेवाली, बहुरंगी पत्रिकाएँ यह काम बखूबी कर रही हैं ! दुःख है तो केवल इस बात का कि हिंदी की साहित्यिक पत्रिकाएँ यह कला विकसित नहीं कर पा रही हैं कि कैसे स्तरीय बनी रह कर भी अधिकाधिक पाठकों के हाथों और मनों तक पहुँचें। इस समस्या के बहुत से पहलू हैं, जिन पर स्वतंत्र रूप से विचार होना चाहिए। यहाँ मैं केवल एक बात की ओर इशारा करना चाहता हूँ कि थोड़े से बुद्धिजीवी इस शैली में सिद्ध हैं कि कैसे किसी साधारण-सी बात को पेशानी पर ढेर सारे बल डाल कर लोगों की समझ-सीमा से बाहर कर दिया जाए। एक बुद्धिमान और प्रतिभाशाली व्यक्ति की सरलता उसके निरंतर तप का परिणाम होती है और पेशानी पर बल डालकर पैदा की गई जटिलता से अधिक महत्त्वपूर्ण और मूल्यवान होती है। वह पाठक को कृत्रिम मायाजाल के परे गहराइयों में उतारती है और उसकी प्रियता और विश्वास अर्जित करती है। बहरहाल इतना ही।

25

नैतिक संकट : साहित्य का प्रतिपक्ष

यों समय के हर दौर में कई चीज़ें एक साथ गतिशील होती हैं–एक-दूसरे से मिलती टकराती हुई फिर भी समय का कोई 'केन्द्र' होता है, उसी से सब कुछ संचालित होता है। जीवन, साहित्य, कलाएँ, ज्ञान-विज्ञान… सब। एक ही काल में भारत की विभिन्न भाषाओं में भक्ति साहित्य लिखा गया, कलाएँ भी उसी रंग में रंगीं, क्यों ? इसलिए कि तब समय के केंद्र में 'धर्म' था। यहीं रुक कर यह कहना है कि 'केंद्र' के ज़रूरी प्रतिरोध भी साहित्य में तत्काल जन्म ले लेते हैं। उस युग में भी धर्म की नई व्याख्याएँ सामने आईं, जीवन और धर्म के नए संबंध तलाशे गए, संकीर्णता और पाखंड पर प्रहार हुए, नैतिकता और सामाजिकता के नए मानदंड बने…। आदि। यानी साहित्य समय के 'केंद्र' का अनुवर्तन और अनुकीर्तन ही नहीं करता बल्कि अपने समय की मानव सापेक्ष आलोचना भी करता है, और यह उसकी क्रांतदर्शी भूमिका को देखते हुए उचित ही है।

कुछ अर्सा पहले तक समय के केन्द्र में 'रजनीति' थी। उसी से सब तय होता था–धर्म और अर्थ की राजनीति से लेकर साहित्य की राजनीति तक। पूछा जाता था–"पार्टनर, तुम्हारी राजनीति क्या है ?" अब समय के केंद्र में 'अर्थ' है। राजनीति और जीवन के प्रतिमान तक उससे तय होते हैं। सब चीज़ें घनीभूत होकर 'अर्थ' या 'भोग' के विस्फोट-चक्र में घिर गई हैं। 'भूसंचारीकरण' या 'भूमंडीकरण' (भूमण्डलीकरण नहीं) एक तरह से 'अर्थ केन्द्रित सत्ता' की होड़ है। यह आपका सीधा-सादा 'वसुधैव कुटुम्बकम्' नहीं है। तो, आर्थिक विकृतियों का भी अंतरराष्ट्रीयकरण होना तय है। मसलन भ्रष्टाचार और रिश्वत का मामला अब 'नमक का दारोगा' तक नहीं रहा–यह 'बोफोर्स' तक गूँ-गूँ करते हुए 'हवाला' में 'टेक ऑफ' ले चुका है। यह अंतरराष्ट्रीय भोगवाद का स्थानीय राजनीतिक संस्करण है; और खास बात यह है कि इसे हमारे प्रचार-तंत्र ने सहज स्वीकार कर लिया है। हाल ही में एक अंग्रेजी पत्रिका ने इस प्रकरण को लेकर मतदाताओं से सवाल किया कि "आप ऐसा नेता पंसद करेंगे जो भ्रष्ट,

लेकिन योग्य हो; या ऐसा जो ईमानदार तो हो, लेकिन अयोग्य हो ?''अधिकांश मतदाताओं ने पहला विकल्प चुना। यह स्वाभाविक था, क्योंकि जब भी हम तात्कालिक लाभ का विकल्प किसी के सामने रखेंगे तो प्रायः वही चुना जाएगा। अगर लोग कहें कि हम ईमानदार-अयोग्य को चुनेंगे तो भी समझा जाएगा कि ईमानदार का अयोग्य होना उन्होंने स्वाभाविक मान लिया है ! सवाल चुननेवाले की मानसिकता का बाद में आता है; उनका पहले, जिन्होंने यह सवाल रखा–क्योंकि तीर ऐसे कोण से छोड़ा गया है, जो अदृश्य है–या तो इसे झेलो या झुक कर बचा लो। कई बार सवाल, सवाल नहीं होते 'सुझाव' होते हैं। इस प्रश्न से कौन-सा सुझाव आता है ? क्योंकि ऐसा तो नहीं है कि युग्म इसी तरह बनते हों; और फिर यह युग्म का जमाना ही नहीं है। अच्छा-बुरा, पाप-पुण्य वगैरह युग्म अब निर्विवाद नहीं रहे, क्योंकि इन दो सिरों के बीच कई-कई जटिलताएँ और कई-कई संयोजन हैं। खैर यहाँ तो मसला ही दूसरा है। युग्म बनाए गए हैं–ईमानदारी-अयोग्यता, बेईमानी-योग्यता। शायद सोचा गया हो कि 'ईमानदारी-योग्यता' के युग्म से कोई प्रश्न नहीं बनेगा। या कि इसका उत्तर 'हाँ' के अलावा और क्या होगा ? उत्तर में 'न' अगर न हो तो वर्गीकरण कैसे करेंगे ? शायद यह लगा हो कि एक सामान्य आदमी आज भी प्रदूषित नहीं हुआ है–वह 'योग्य नैतिकता' की अब भी तलाश में है, जो या तो हमारे बुद्धिजीवियों को असंभव लगती है या वे ऐसी प्रदूषित और प्रायोजित बौद्धिकता की गिरफ्त में आ गए हैं कि स्वयं भी नहीं चाहते कि यह संभव हो। यदि ऐसा न होता तो यही सवाल कई तरह से पूछा जा सकता था। मसलन इस तरह कि "क्या आप ऐसे नेता को पसंद करेंगे जो भ्रष्ट हो, लेकिन नैतिक दिखे या ऐसे को जो भ्रष्ट हो और भ्रष्ट दिखे ?" यदि वह पहला विकल्प चुनता तो भी कम से कम आशा की एक किरण दिखाई देती कि वह इस वक्त नाममात्र की नैतिकता को भी बचाने के लिए बेचैन है–कहते हैं कि हड्डियाँ बच जाएँगी तो मांस कभी न कभी चढ़ ही जाएगा–और अगर वह दूसरा विकल्प चुनता तो प्रकारांतर से छद्म नैतिकता की आलोचना करता–मानो वह कहता कि ऐसों से तो वे भ्रष्ट ही बेहतर हैं जिनके भ्रष्ट होने में संदेह नहीं है, ताकि हम धोखे में तो न रहें। इसका अर्थ भी भ्रष्ट को स्वीकार करना नहीं होता, छद्म को धिक्कारना ही होता। परंतु ऐसे प्रश्न शायद संभव नहीं रहे क्योंकि 'अंतरराष्ट्रीय आर्थिक साम्राज्यवाद' हमें अनैतिकता का स्वाभाविक संबंध योग्यता और नैतिकता का अयोग्यता से कायम करने का लगातार सुझाव दे रहा है, और वही सुझाव हम आम नागरिकों को दे रहे हैं। मसलन रागात्मकता और 'थोथी' युग्म आजकल प्रचलित है। असंभव नहीं है कि ऐसा वक्त भी आ जाए जब यह युग्म न रहकर एक शब्द बन जाए। यही उपर्युक्त सुझाव के बारे में भी संभव है।

कहते हैं–और अगर अब भी कह सकें तो–साहित्य सदैव व्यवस्था के प्रतिपक्ष में रहता है। क्योंकि संसार की तमाम व्यवस्थाएँ 'घुन लगा गेहूँ' हैं–हर व्यवस्था अपने विनाश के बीज के साथ जन्मती है। इसलिए रचना को अगली बेहतरी के लिए स्थापित व्यवस्था के प्रतिपक्ष में रहना पड़ता है–'शिवेतर क्षतये' की मुद्रा में। ऐसा नहीं है कि साहित्य के 'प्रतिपक्ष' का अर्थ जड़ संसदीय हो। परंतु व्यवस्था का चरित्र होता है कि आप उसके हज़ार गुण बखानते हुए अगर एक भी दुर्गुण की ओर इशारा करेंगे तो वह आपको प्रतिपक्षी ही मानेगी। वहाँ दोनों हाथ उठाकर सहमति ही चाहिए– तभी आप व्यवस्था या सत्तापक्षीय होंगे। नतीजे में साहित्य हर समय प्रतिपक्ष में खड़ा मिलता है–हालाँकि वह 'साहित्य' है और उसकी निगाहें समय, समाज, अतीत और भविष्य सब तरफ होती हैं। वह कई आयामों से चीज़ों के छिपे पहलुओं को देखता है–तभी न उसकी निगाह वहाँ टिकती है, जहाँ ज़रूरत है।...बहुत बड़ा जंगल था, सैकड़ों पशु-पक्षी रहे होंगे, नदी बह रही थी, पवन सरसरा रहा था– तब क्या पड़ी थी वाल्मीकि को कि किसी कोने में छिपे व्याध द्वारा दूर कहीं टहलते प्रेमिल पक्षियों में से एक को लगा तीर वे अपने को लगा महसूस करते। कोई स्वजन तो नहीं था क्रौंच, न पालित। वहाँ सब कुछ होने पर भी आदिकवि की निगाह एक खास जगह पड़ी, तो इसलिए कि साहित्य फैलाव में देखने के साथ इस बारे में भी चौकन्ना रहता है कि उसकी ज़रूरत इस वक्त कहाँ, किसे है ? साहित्य, नेता का हवाई सर्वेक्षण नहीं, भीड़ भरे समाज में किसी विकल के कंधे पर रखा हाथ है–और यही समूची मानवता का आश्वासन है।

आज जब बीमार नैतिकता इस क़दर संक्रामक हो गई हो; मानव-अस्तित्व के मूल प्रश्न किसी कोहरे में घिर गए हों; शोर भरा वैश्विक भोगवाद अलग तरह से उसे जकड़ रहा हो–तब अगर साहित्य 'प्रतिपक्ष' की किसी नई भूमिका की तलाश में हो तो इसे उसका स्वाभाविक चरित्र ही कहा जाएगा।

[मार्च 1996]

26

विद्रोह-दर्शन

कल वे उस बगीचे में टहल रहे थे; आज इस बगीचे में टहल रहे हैं। कल पीपल की छाँह तले सोए थे, आज महुआ की छाँह तले आराम फरमा रहे हैं—वे विद्रोही हो गए हैं ! वे जेल में जाते हुए विद्रोही हो जाते हैं, जेल से निकल कर विद्रोही हो जाते हैं—और जब विद्रोह पर आमादा हो जाते हैं तो जनता के बीच जाते हैं या तरण-ताल में नहाते हैं ! वे कब, कहाँ, कैसे, किस बात पर विद्रोह कर देंगे—पता नहीं। भ्रष्टाचार करते हुए तो हैं ही, उससे इंकार करते हुए तो वे और भी शेर हो जाते हैं। यह कैसा विद्रोह है, जिसमें 'हींग लगे न फिटकरी रंग चोखा आय !' अगर यही असली विद्रोह है तो फिर बुद्ध-ईसा, कबीर-निराला, गाँधी-जयप्रकाश, मार्क्स-सार्त्र कौन-सा विद्रोह करते रहे ? बेकार ही मानवता का बोझ ढोते रहे, दग्ध होते रहे अपने हवन-कुंड में। चाहते तो वे भी अपने देश को हवन-कुंड बनाते, जिसमें जनता समिधा की तरह जलती और वे स्वयं ऋत्विज के आसन पर विराजते—शाप की अखूट शक्ति के रुद्राक्ष पहने हुए।

क्या अब सिर्फ इतिहास में ही पढ़ेंगी पीढ़ियाँ—विद्रोह में आत्माहुति की कथा ? क्या वही बताएगा कि विद्रोह स्वेच्छाचार, कदाचार नहीं; गंभीर आत्म-संयम और उत्तरदायी मूल्य-निष्ठा है, क्योंकि जब भी कोई व्यवस्था, रूढ़ि, विचार, दल, कुनबे, संप्रदाय या सिंहासन से विद्रोह करता है तो सबसे पहले इनके द्वारा प्राप्त सुविधाओं, संबलों और आरक्षणों का त्याग करता है। स्वाधीनता का मूल्य चुकाने को कटिबद्ध रहता है; संबद्धताओं से कट कर 'अकेला' हो जाने का ख़तरा उठाता है। यों, विद्रोही सपाट अर्थ में 'अकेला' भी नहीं होता, यदि उसका विद्रोह व्यक्तिगत स्वार्थ और सुविधा न होकर लोकाराधन, जन-संकल्प और परिवर्तन की उत्कट जिजीविषा हो। उसके साथ अगणित मंगल कामनाएँ और समर्थनों का बल होता है। लेकिन भीड़ से घिरा रह कर भी आज का यह कथित विद्रोही सचमुच 'अकेला' हो गया है—क्योंकि उसके चारों ओर जो शोर

है वह मानव-संकुलता का नहीं, चाभी भरे खिलौनों का है। जैसे ही चाभी खत्म हुई यानी उसकी सत्ता; वैसे ही वह बेआवाज़ एकांत में तब्दील हो जाता है। व्यष्टि को समष्टि का बल तभी मिलता है, जब स्वयं उसके भीतर समष्टि अस्तित्व में होती है। जैसे रचनाकार के एकांत में जब पूरा समय, समाज और देश एकत्र रहता है—तब अकेला भी वह वास्तव में अकेला नहीं होता।

विद्रोह अग्रगामी संघर्ष-मूल्यों के लिए खुद को जोखिम में डालने की प्राणांत तैयारी है। क्योंकि विद्रोही जिन तत्त्वों से टकराता है वे स्थापित और समर्थ होते हैं; उन्होंने 'निहित' को 'विहित' बनाने में सदियाँ खपाई हैं; प्रतिगामी के लिए उनके पास आरोप, हिंसा और यातना का पुख्ता विधान है; ज़ाहिर है उनसे प्रतिरोध करने के लिए कितनी अश्वशक्ति और कितने मेगावॉट विद्युत शक्ति चाहिए होती है ! निराला ने 'राम की शक्ति पूजा' में यह पंक्ति व्यर्थ ही नहीं लिखी है : 'दो आराधन का दृढ़ आराधन से उत्तर।' जयशंकर प्रसाद जब आज़ादी के सैनिकों का मार्चिंग साँग लिखते हैं तो नहीं भूलते कि 'अराति सैन्य सिंधु' है—शत्रु-सेना समुद्र है—यह जानते हुए सेनानी को बड़वाग्नि बनना होगा। उच्छृंखलता और आतंक को ही विद्रोह माननेवाली पिद्दी हस्तियाँ कहाँ से लाएँगी 'दृढ़ आराधन' या 'बड़वाग्नि ?' लोक-मन या जनता, जो शक्ति का स्रोत है, वहाँ से तो ये कथित विद्रोही खारिज हो ही चुके हैं, क्योंकि वह सीधी मार मारती है—'सीधी मार कबीर की चित ते दिया उतारि'। परंतु चिंतनीय यह है कि उनकी प्रबल आसुरी माया ने मनुष्य की आस्था, संकल्प और जिजीविषा को नष्ट कर दिया है। दुर्वृत्तियों का कैसा संक्रमण है कि लोग परस्पर विश्वासहीन हो गए हैं—वे मनुष्य की बजाय कंप्यूटर पर भरोसा करने लगे हैं। दुष्यंत कुमार के शब्दों में—'ये तो हद है !' जैसे राजनीति का अपकर्ष होते-होते इस शब्द का ही अपकर्ष हो चुका है; वैसे ही विद्रोह का सुविधा, सुरक्षा, स्वेच्छाचारिता, अवसरवाद, आतंकवाद आदि के रूप में इस्तेमाल इतना और इतनी बार होने लगा है कि यह शब्द ही 'अर्थापकर्ष' का शिकार हो गया है। शब्दों के अर्थ इसी तरह नष्ट-भ्रष्ट होते हैं। गंभीर अर्थों का वहन करनेवाले शब्दों का अपकर्ष और भ्रंश; सभ्यता के अपकर्ष और भ्रंश का सूचक है।

लादे हुए ज़िरह बख्तर और हृदय पर जड़े कवच में कितना अंतर होता है ? आप एक को उतार-पहन सकते हैं, दूसरे को उतारना चाहेंगे तो हृदय चीरना पड़ेगा। सच्चा विद्रोह छाती पर जड़ा कवच है, प्राणों की तरह अभिन्न; अपना ही आत्मार्थ, आत्म-संयम और लोक रक्षा का आत्मबल। इतिहास साक्षी है कि जो जितना बड़ा विद्रोही हुआ, वह उतना बड़ा आत्म निग्रही, उत्तरदायी और लोक-रक्षक हुआ। 'निराला' ने 'बादल राग' में 'विप्लव के वीर' बादल से 'मृदु' और 'घोर' गर्जन करने को कहा है; वाल्मीकि के राम 'वज्रादपि कठोराणि, मृदूनि

कुसुमादपि' हैं–कैसा विपरीत आयामी विस्तार होता है क्रांति-पुरुष में और क्यों ?…जेठ का घाम स्वयं सिर पर झेलता अडिग वृक्ष अपने आश्रय में जुटे प्राणियों को छाया और फल देता है–यह है आदि विद्रोही का चरित्र; जो वहाँ-वहाँ, फिर-फिर जन्म लेते दिखता है जहाँ कोई स्वयं आतप झेलते हुए फल दे रहा है। यही है विद्रोह का दर्शन। इसे प्रतिफलित होते हुए हमने देखा है अपनी सदी में, स्वतंत्रता के महानायक गांधी में जो विजयोत्सव के क्षणों में, उत्सव से दूर, कहीं फहरता रहा, दो सेनाओं के बीच काँपते सफेद झंडे की तरह। यही सच्ची, लेकिन भूली जा चुकी विरासत है।

जिसे पितृ-ऋण और गुरु-ऋण कहा जाता है उसका चुकारा पिताओं और गुरुओं को नहीं करना होता है, बल्कि करना होता है संतानों, शिष्यों को। तभी हुआ जा सकता है उऋण। और हम पिछली पीढ़ी के दाय से उऋण होने के लिए अगली पीढ़ी को सौंप रहे हैं एक अपाहिज दुनिया–विरासत में। राष्ट्रीय-ग्लानि, मानसिक उपनिवेश, आर्थिक पराश्रय; बौद्धिक, वैचारिक, नैतिक क्षय की अछोर विरासत; सत्ता होड़ की धृतराष्ट्री विरासत…इतिहास को कितनी बार दुहराना चाहता है मनुष्य अपनी मूर्खताओं में ?

[मई 1996]

27

निराला के प्रति

निराला, तुम्हारी जन्मशती ऐसे वक्त आई है, जब समय का आधा शरीर 'कुल्लीभाट' की तरह सड़ चुका है और/आधे में पार्किंसंस के रोगाणु प्रवेश कर चुके हैं। 'शक्ति' पूरी तरह उसके अधीन है, जिसके पास असत्य और अन्याय है और/प्रतिकार करनेवाली अप्रतिहत शलाका-साधना पाखंड की क़ैद में है। 'पेट-पीठ एक' हुए करोड़ों अब 'लकुटिया' टेककर भी नहीं चल सकते। क्योंकि जंगल की सारी लकड़ियाँ कट चुकी हैं—महलों के नक्काशीदार दरवाज़ों के लिए।

पत्थर तोड़ती 'उस' अभागी को/अब भी पेड़ की छाया नहीं है मयस्सर
जिसकी कोई दबी कामना तुम्हारे मन में थी।
असंख्य 'सरोजों' के पिताओं के आगे
चमरौधे वाले पैरों को पूजने के अलावा कोई चारा नहीं बचा है...
और/तुम्हारी उस 'पगली' का बच्चा राजा की सवारी वाली भीड़ से बार-बार कुचला जा रहा है।

अब 'वसंत का अग्रदूत' दूरदर्शन के किसी विज्ञापन में पंचम स्वर छेड़ने को अनुबंधित है।

जैसी दुनिया तुम छोड़ गए थे किसी आकांक्षा के सहारे वह गेंद बनी तीसरे देशों पर ग्लैशियर की तरह लुढ़ककर उन्हें कुचलने को आतुर है।

'देवी सरस्वती' से जो प्रार्थना तुमने की थी/वह अब रोबोट से करनी पड़ेगी।

अब कोई 'कुकुरमुत्ता' गुलाब के सामने ऐंठ कर खड़ा नहीं होगा
क्योंकि वह पाँच सितारे की लज़ीज़ सब्जी-भाजी बन चुका है।
फिर भी...तुम स्मृति में आए हो दुबारा तो शायद कुछ बदले...।

[फरवरी 1996]

28

काल से होड़

पिछले एक साल में ही साहित्य और अन्य क्षेत्रों ने कितनी बड़ी-बड़ी प्रतिभाओं को खोया है ? (कैलेंडर बनानेवालों ने इसका हिसाब-किताब ज़रूर रखा होगा।) सदा की तरह सरकारों, अकादमियों, संस्थाओं और मातमपुर्सी के कारोबारियों ने मुद्रित प्रारूप में 'अपूरणीय क्षति' और 'शून्य' के आसपास छूटी जगहों में व्यक्ति का नाम, क्षेत्र आदि भर दिए होंगे। अनंतकाल से हुई हानियों का यदि इनके अनुसार गणित लगाया जाए तो अब तक संसार को शून्यों का कब्रिस्तान बन जाना था। यह ठीक है कि एक व्यक्ति अपनी मृत्यु से, अपने अनुरूप, थोड़ी या ज़्यादा जगह खाली करता है; और यह भी सच है कि सही अर्थों में कोई किसी की प्रतिपूर्ति नहीं कर सकता। तब किसी सर्जक मनीषा की प्रतिपूर्ति का तो सवाल ही पैदा नहीं होता। परंतु इसे वस्तुवाद के रूप में नहीं, तत्त्ववाद के रूप में लेना ही ठीक होगा। धारा बहती है, क्योंकि आगे निकल गए जल कणों का स्थान दूसरे ले लेते हैं, पर वे हू-ब-हू वे ही नहीं होते। झरे हुए पत्तों की जगह नए पत्ते; स्थानापन्न पुष्प-प्रकृति को, वन को, नदी को अपनी तरह से समृद्ध और नवीन करते हैं। यही जीवन का छंद है–मृत्यु के निश्छंद छंद के जवाब में–स्थिति और गति के विराट् समवाय में चिरंतन सत्य की अविरल सापेक्षता का छंद !

यदि मृत्यु; जीवन से अधिक बलवती होती तो नचिकेता यम की दाढ़ में फँसी मृत्यु का रहस्य खींच कर कैसे लाता ? कितना घिघियाये थे यमराज–'वत्स, कुछ और माँग लो !' क्योंकि मृत्यु तभी तक यथार्थ है, जब तक रहस्य है। रहस्य के अनावृत्त होते ही मृत्यु का अस्तित्व निरर्थक हो जाता है। लेकिन वह 'नचिकेता' था–साक्षात् जिज्ञासा, जिजीविषा, संकल्प, अग्नि और सत्य। वह अड़ गया था–'कोड' से ही कह रहा था कि 'डिकोड' करे अपने आप को ! यह संभव किया उसने, अपनी निर्भयता से। जबकि आज तो हमारे बड़े-बड़े धुरंधरों से एक

मुमूर्षु जीव की 'डायरी' तक 'डिकोड' करते नहीं बन रहा है ! क्या चीज़ लुप्त हो गई है हमारे बीच से ? बहरहाल, नया सर्जक यदि नचिकेता जैसा हठ ठान ले तो कोई शून्य ऐसा नहीं जो खाली रह जाए; और कोई क्षति ऐसी नहीं जो अधिक नए और सार्थक रूप में भरी न जा सके। हाँलाकि यह काम है टेढ़ा ! क्योंकि संसार निरंतर अधिक जटिल, संकुल और दूभर होता जाता है; दूसरी ओर पदार्थ के स्तर पर उसका पसारा बढ़ता जाता है। अतीत के उत्तराधिकार और उत्तर-कर्तव्य की गठरी हर अगली पीढ़ी के कंधे पर अधिक भारी होती जाती है। निश्चय ही नई प्रतिभा के सामने ज़्यादा चुनौतियाँ, बड़ा संघर्ष और नई पेचीदगियाँ हैं। आज के त्वरित विश्व के बीच साहित्य की मौजूदगी प्रमाणित करना एक कठिनतम परीक्षा से गुज़रना है। क्योंकि यह क्षेत्र एक दिवसीय क्रिकेट का चमत्कारिक प्रदर्शन या राजनीति और शेयर बाज़ार का करिश्माई विस्फोट नहीं है, यह दीर्घ तप है और विचित्र तप है—समय की गति के साथ प्रकाश-वेग से दौड़ना भी है और तपस्या का धैर्य भी नहीं खोना है—ठीक कबीर की उलटबासी जैसा। दुर्भाग्यवश कई बार प्रलोभनों और स्वार्थों के चक्कर में प्रखर प्रतिभाएँ भी पड़ जाती हैं; साहित्य करनेवालों के माफिया से घिर जाती हैं नतीजे में स्फुल्लिंग या फ्लैश की तरह चमककर बुझ जाती हैं; बची रहती है सिर्फ कुंठा, गर्व और निष्क्रिय स्मरण। प्रतिभा-उत्तोलन के क्षणों में जो थोड़ा-बहुत अर्जित किया गया था, उसी ठसक के सहारे वे अपनी सृजन-रहित उपस्थिति को सृजन की तरह दर्ज कराने के लिए बेचैन दौड़-धूप करते हैं; उन्हीं कारोबारियों के आगे-पीछे जो प्रकाशन, लाभ, यश, मंच आदि भाँति-भाँति के नामों से जाने जाते हैं। दूसरी ओर सही जगह सम्मान न मिलने की पीड़ा भी उन्हें कौंचती है और वे दूसरों को दंडित तथा दंशित करने की अश्वत्थामा जैसी मानसिकता लिए विकल भटकते रहते हैं। मराठी के ऋषि तुल्य कवि विंदा करंदीकर ने एक छोटी मगर बेधक कविता लिखी थी, जो कुछ इस तरह है—'मैंने अपनी जवानी में/समुद्र में लघ्वी (पेशाब) की/और पूरा जीवन यह नापने में लगा दिया/कि उससे/समुद्र की ऊँचाई कितनी बढ़ी ?' तो यह ऐसा आत्ममोह है जो आत्मघात का ही पर्याय है।

जब-जब हमारा सृजनात्मक मूल्यांकन, पाठक समुदाय की चेतना और आत्म-विश्लेषण की कसौटी अशुद्ध हो जाती है तब-तब साहित्य पर साहित्येतर या साहित्यनुमा माध्यमों के शिकंजे कसते जाते हैं, इनमें सबसे प्रबल संचार और सूचना माध्यम हैं। निश्चय ही इनका सही और कारगर उपयोग हो सकता है; लेकिन ऐसा अक्सर होता नहीं। नतीजे में इन माध्यमों से उकसाए या उजलाए चेहरे या मुद्दे साहित्य में अपनी न-कुछ उपस्थिति के बावजूद प्रकाश वृत्त में आ जाते हैं और बाकी सब कुछ जिसे प्रकाश-व्यवस्था के भीतर होना था, गहरे

अंधकार में खो जाता है। साहित्य के नाम पर ऊल-जलूल बकवास ही साहित्य मान ली जाती है—मानो प्रदूषण को ही कोई जीवनदायी मान ले। गुटों, मठों और भवनों के फैले जाल में तमाम किस्म के तमाशाई चेहरे कुएँ में मोटर सायकल चलाने के करतब को 'कला का उच्चतम मानदंड' घोषित करते, और अधिकाधिक लाभ केन्द्रों पर अपनी गिरफ्त मज़बूत करते हुए नए-नए संप्रदायों का प्रवर्तन करते हैं, जहाँ ऐसे शिखंडी व्यक्तित्व ही शिखर पर बैठ सकते हैं जो राजनेताओं की तरह पल-पल वक्तव्य और व्यक्तित्व बदलते हुए, सुर्खियों की कालिख में बने रहने की क्षमता रखते हैं। किसी अधूरी तलाश में उनकी ज़िंदगी हर जगह प्रेतात्मा की तरह भटकती रहती है।

बावजूद इसके, ऐसी प्रतिभाओं का अकाल नहीं है जो जोखिम उठाकर, अपनी समूची जीवट से सृजन में लगी हैं और न अकाल है ऐसे जाग्रत पाठकों का जो मर्म पर उँगली रख सकते हैं। जाने कहाँ-कहाँ, अज्ञात रूप से, चिंतन और सृजन में जुटी विलक्षण प्रतिभाएँ हैं जो शायद प्रायोजित प्रकाशवृत्त के कारण अँधेरा कर दिए गए शेष संसार में लुप्त थीं। शांत, धीमी आँच में पकती हुई ऐसी प्रतिभाओं को सृजन का निर्बंध परिवेश देने की जरूरत है ताकि पूर्वग्रह और संकीर्णता की घुटन उन्हें महसूस न हो। दूसरी और ऐसा पाठक वर्ग अवश्य है जो जीवन और साहित्य को गंभीरता से लेता है; जिरह करता और सम्मति देता है। सर्जक को इससे अधिक ओर क्या चाहिए ? एक बहुभाषी, बहुपठित रसज्ञ पाठक ने 'वागर्थ' में एक कहानी पढ़ने के बाद कहा था कि 'मैंने ऐसी कहानी आधुनिक फ्रैंच, जर्मनी और स्पैनिश साहित्य में भी नहीं पढ़ी' निश्चय ही यह उसके अध्ययन की सीमा भी हो सकती है, परंतु वह चकित था कि—हिंदी में ऐसा लिखा जा रहा है !

हाँ, हिंदी में ऐसा ज़रूर लिखा जा रहा है, जिसे उजालने के बजाय हम उस पर मिट्टी फेंकते रहते हैं। दरसल वह सारा कुछ पाठकों के सामने आना चाहिए जो भाषा और साहित्य की ऊर्जा, संकल्प, सोच और शिल्प को नई अर्थवत्ता देता हो। बहुत चौड़ा पाट है हिंदी का; भारत और भारत के बाहर, विश्वभर में उसके सर्जक, अन्वेषक, विचारक हैं। यह हमारी पहुँच और समाई का दोष है कि बहुत-सा वांछित परस्पर कटा हुआ है। वास्तव में अच्छे साहित्य की एक स्व-निर्मित संचार प्रौद्योगिकी विकसित होनी चाहिए, ताकि ऐसा तमाम साहित्य जहाँ-जहाँ पहुँचना चाहिए, पहुँच सके।

[अप्रैल 1996]

29

महापंडित राहुल सांकृत्यायन : एक महाअभियान

एक व्यक्ति में कितनी विपुल क्षमता, कितनी परार्थ जिजीविषा, कितनी तलाश और संसार के लिए कितना कुछ कर जाने की बेचैन त्वरा हो सकती है और इसके लिए अखूट संकल्प-शक्ति, साहस या दुस्साहस और अछोर जिज्ञासा का पाथेय लेकर किस तरह जीवन को आजीवन समर की तरह जिया जाता है–राहुलजी इसकी मिसाल हैं। उन्होंने एक ही जीवन में अनेक जीवन चरितार्थ कर दिए ! जैसे विस्मित और स्तब्ध कर देनेवाले सौंदर्य के लिए कवियों को कोई उपमा, कोई प्रतीक नहीं मिलता–अनेक तरह से, अनेक उपमाओं से उसका बखान करते हुए भी उन्हें लगता है कि बात बनी नहीं, वैसे ही राहुलजी के व्यक्ति और कर्म से भौचक्के हुए व्यक्ति को ऐसी अभिव्यक्ति कैसे मिल सकती है जिससे उन्हें उसी तरह व्यक्त किया जा सके जैसा महसूस किया जाता है। लोग कह देते हैं कि राहुलजी ने सिर्फ फलाँ किया होता या फलाँ किताब ही लिख दी होती तो वे महान हो जाते या अमर हो जाते (अमरता की कोई फिक्र राहुलजी को नहीं थी) हाँ, हो सकते थे, परंतु तब क्या वे राहुल भी होते ? राहुल एक विराट समग्रता थे।

राहुल केवल शब्द के पैदल अर्थ में ही नहीं, उसकी व्यंजना में भी आजीवन यात्री रहे। सिर्फ सफरनामा लिखनेवाले नहीं; ज्ञान, अनुभव या उपलब्धि का ब्यौरा देनेवाले भी नहीं–वे कैसे यात्री थे ?...गौरीशंकर को छूनेवाले महावीर यात्रियों के साथ भी तरह-तरह के बचाव के सरंजाम होते हैं, बोझा ढोनेवालों का दल होता है, लेकिन राहुल ऐसे श्रृंगारोही, पठार और दर्रों का सफर करने वाले थे जो अपने बूते पर फासले और ऊँचाइयाँ तय करते हैं–खुद ही यात्री और खुद ही कुली ! जो वे स्वयं के बूते पर भारत के लिए लाए वह उनका पाथेय या असबाब नहीं था–क्या था, सब जानते हैं। उनकी पीठ पर बैठ कर सदियों ने यात्राएँ कीं या सदियाँ अपने घर आईं। कोहिनूर को वापस लाने से क्या कम

ज़रूरी या कम दुस्साहसी करामात थी यह ! यात्रा राहुलजी के लिए एक 'तालिका-शब्द' है, जो संज्ञा से कारक और कर्म तक फैला है। जिसमें उनकी देश-विदेश की भू यात्राएँ ही नहीं बल्कि स्वयं राहुलजी के भीतर जारी अनेक धर्मों, विचारों, ज्ञान और सृजन क्षेत्रों की यात्राएँ भी शामिल हैं। विचित्र है कि इसके बावजूद राहुल जहाँ रहे या राहुल में जो रहा वह समूचा रहा–कर्मकांड से लगाकर दर्शन की चरम सीमा तक।

वे ऐसे व्यक्ति थे जिन पर हर कोई अपना दावा जता सकता है। दो विरोधी कौमें, और दोनों ही प्रहार से आहत कौमें कैसे उस प्रहारकर्ता कबीर की अंतिम देह के लिए आमने-सामने हो गई थीं–अपना अधिकार जताते हुए ! अंततः कबीर सफल हुए थे 'मरम' को समझाने में। जिन्होंने निरस्त किया था कबीर को, राहुल को–वे सब खोज रहे हैं उनमें अपने को, या अपने में पाना चाह रहे हैं उन्हें। राहुलजी अंतरिक्ष यान नहीं थे जो अपने कुछ हिस्सों को लगातार छोड़ते हुए ऊपर उठते हों– राहुल अन्वेषण की एक लगातार बुनावट थे। ऐसे ही व्यक्तित्वों के भीतर हम अनुभवों, विचारों और ज्ञान धाराओं को, यहाँ तक कि कर्म की सार्थकताओं के भीतर बहती विवेक की अंतर्धारा को खोज सकते हैं।

राहुलजी को लेकर बहुत-सी व्याख्याएँ की जा रही हैं। एक मनुष्य के विवेक और सोच, ज्ञान और अनुभव के लिए राहुलजी इतना कच्चा-पक्का माल छोड़ गए हैं जिसकी सानी पिछले सैकड़ों सालों में तो दिखाई नहीं पड़ती। परंतु अपने कौपीनों, झंडों और पालों के सहारे हम विराट राहुल-नद को उतना ही पार कर पाएँगे जितनी इन चीजों की औकात होती है। राहुल हमारे देश की स्वाधीन, परिव्राजक आत्मा के प्रतीक हैं। हमारा देश स्वाधीनता और परिव्राजकता की व्याख्या लोक संग्रह, लोकाराधन, लोकाकांक्षा के लिए व्यक्ति के तप के रूप में करता है।

30

शमशेर

बेठोस नीले आईने में चल रहे हैं वे··· कविता कहाँ बसती है ? बच्चे की सरलता, ग्रामीण की जिज्ञासा, दार्शनिक की आँख, पक्षी की पाँख, निहत्थे की हिम्मत, धरती में बहती रोशनधारा, अंतरिक्ष की नीलाभा, आत्म-विस्मृति की जगत्-खोज, वेदना, हँसी, विरलता, संधान, कशिश···कहाँ बसती है कविता ?

कविता शमशेर में बसती थी, पूरी अस्मिता में, मन की गहन अखूट रक्त-धारा में, तन की तनहा बस्ती में; सृष्टि के निर्वस्त्र सौंदर्य को कला के अंगरागों से सुवासित करनेवाले आचरण में; आँख में, रग-रग में।

आधुनिक कविता में एक कवि ऐसा भी था (याद रहेगा) जिसके आगे आलोचना के सारे धड़े अपनी अहम्मन्यता छोड़ कर निरपवाद नतशिर थे। खुले इंसान और खुले कवि में प्रतिबद्धता तलाश लेते थे ! जबकि उतनी संवेदना हर बड़े कवि में रहने के बावजूद निहंगता से उसे प्रतिक्रियावादी कहने में लोग नहीं हिचकिचाए। शमशेर तो राग-कवि थे, अपने मूल कविता-स्वभाव में रोमेंटिक। रोमेंटिक मानी एकांतिक नहीं, पूरी दुनिया की बिरादरी को अपने में समेटे हुए। दूसरों से अलग इस अर्थ में कि उनकी कविता के लिबास निहायत महीन थे और बिना वायवी हुए उनका राग स्रवित जल की तरह था, उसके भीतर बुद्धि के सूक्ष्म कण चलते थे जैसे सूरज की किरण में अणु चलते हैं। अकादमिक रूढ़ आलोचना शमशेर की कविता को छूने का साहस नहीं जुटा पाई (उसने अक्लमंदी की) क्योंकि या शायद उसे लगा, यहाँ हाथ डालना गोया खुद को अप्रासंगिक महसूस करना होगा।

शमशेर की कविता के पास जो गया, डर कर नहीं, बल्कि इस तरह जैसे मंदिर में घुसने से पहले कोई देहरी के बाहर जूते उतार कर जाता है। मगर उस तरह भी नहीं कि भीतर जाकर मत्था टेकना है। निश्चय ही शमशेर की कविता ने हिंदी की श्रेष्ठतम सर्जनात्मक और समझदार आलोचना को भरसक निचोड़ा।

(शमशेर से बेहतर शायद ही किसी आधुनिक कवि को समालोचना का ऐसा श्रेष्ठतम मिला हो) इसे शमशेर की कविता की खूबी की तरह रेखांकित करना चाहिए। यह कविता आलोचना और पाठकीय आस्वाद के लिए एक आकर्षक चुनौती रही (रहेगी), उससे पहले जूझना होता है, बेहद महीन अंदाज में, फिर उसके रंग में अपने रंग को समोना होता है—कोशिश करना पड़ती है कि वह हासिल किया जाए जो उसका है या जो अपना है, फिर वह पुकारती है इस समवेत से उत्पन्न नए अर्थ-बोध को, नए संसार और मौलिक संवेदना को।

शमशेर जो चाहते थे कविता में, जाहिर है वह स्फीति में नहीं था, आवरण में भी नहीं, न ऐसी तनहाई में जिसकी बस्ती न बसाई जा सके। तो इसके लिए चाहिए था उन्हें नया सूक्ष्म भाषिक संवेदन, अन्वेषण का कौमार्य, बिंदु में सिंधु-सा अक्स और अछोर संभावनाएँ।

प्रतिभा की नुकीली धार के बावजूद दुनिया भर के लिए लबालब प्यार, लगातार बेचैन तलाश (हर स्तर पर) प्रदूषित संवेदना को बींधती हुई कोई एक कण-किरण, जो इस खोज को अर्थवान बना सके। शमशेर जानते थे कि खुली प्रतिभा-दृष्टि चीज़ों के अदृश्य गोपन पहलुओं को देखने के लिए बहुत जरूरी है—अनिवार्य। हमारी भाषा को एक पूरा कवि मिला था।

शमशेर से मिलिए। एक दुबली सिकुड़ी काया जो आपके प्यार से और भी सिकुड़ जाती—फुहारोंवाली डाली जैसी। आँखों में पनीली चमक जो मोटे चश्मे के बावजूद निर्मल पयस्विनी है, तृप्त करनेवाली, पुष्ट करनेवाली और आपके अहंकार को तरलता से ठेल सकनेवाली। आप लाख तीसमारखाँ हों, शमशेर के साथ ऐसा कुछ नहीं कर सकते जो लावण्य के साथ न किया जाने योग्य हो। वे गुफ्तगू ऐसे लहज़े में करेंगे गोया आप उनके दिल का टुकड़ा हों चाहे कितने भी अजनबी हों आप। मुँह से ज्यादा इशारे में शमशेर कविता समेत व्यक्त होते हैं। छोटे-छोटे, टूटे-टूटे शब्दों, वाक्यों से वे जो कहते हैं बड़ी-बड़ी तकरीरें भी क्या कहेंगी। आपकी बातें गौर से सुनेंगे—यहाँ तक कि बेवकूफी भी। लगेगा यह आदमी आप पर फिदा है। मगर उसके भीतर का सूप जो फटक रहा है और अपने लिए जो चुन रहा है उसका एहसास कितनों को होता है ! कूड़े से भी वह बीन सकता है यूरेनियम। (आधुनिक कविता में यह कला शमशेर के पास खूब रही है।) कहीं आप अपमानित नहीं होंगे न अपनी आँखों में छोटे; क्योंकि जो भूसी है उसे आपसे छिपा कर फेंका गया है। अब हम आप 'इस' शमशेर को देह में नहीं पा सकेंगे।

शमशेर कवियों के कवि यों ही नहीं हैं, उनमें कविता का सार-तत्त्व है, नई अनुभव प्रणाली है और ऐसी क्लासिक सिद्धि जहाँ से राग-रागनियाँ फूटती और फैलती हैं; ऐसी संवेदना, ऐसी खोज, ऐसी भाषा, ऐसा लावण्य, जो कविता-बोध,

कविता-सर्जना और कविता की तमीज़–ग़ोया जीवन की तमीज सिखाता है, अनायास, अनकहे।

यों शमशेर ने सभी कुछ शमशेर जैसा नहीं लिखा है, जैसे निराला ने या प्रसाद ने भी। कहीं वे समग्र और सघन हैं तो कहीं अधूरे, कहीं अनमने या कहीं-कहीं नहीं भी हैं–अपनी सृष्टि में। शमशेर तो चले गये अब। उनकी कुछ कविताएँ इतिहास-धारा में बह जाएँगी लेकिन वे इतना कुछ अपने को छोड़ गए हैं हमारे पास, कविता में, जो अगली पीढ़ियों की स्मृति में बिंधा रहेगा और निरंतर उत्कृष्ट कविता की ओर इशारा बना रहेगा।

[फरवरी-मार्च 1993]

31

साहित्यिक पत्रकारिता का विवेक

साहित्य में रुचि रखनेवाला शायद ही कोई हो जिसने प्रेमचंद की कहानी 'पूस की रात' न पढ़ी हो। यह कहानी सामाजिक और सर्जनात्मक कारणों से हमारे साहित्य की निधि है। एक साहब के लेख में इसका विश्लेषण यों था–'यह एक निठल्ले किसान की कहानी है, जिसके माध्यम से प्रेमचंद ने भारतीय किसान के निठल्लेपन पर रौशनी डाली है' इस महान् निष्कर्ष का तर्क यह था कि जो किसान (हल्कू) खेत की मढ़ैया में तब भी सोता रहा जब नीलगायें उसकी लहलहाती फसल चरती रहीं; और उसका कुत्ता भौंक-भौंककर अपनी जान हलाक करते नीलगायों को खदेड़ता रहा; तब भी वह (जागते और जानते हुए भी) टस से मस नहीं हुआ। भला उससे बढ़कर निठल्ला कौन होगा ? नतीजे में हल्कू को खेती जैसे 'उत्तम कर्म' को छोड़कर मजदूरी जैसा 'अधम कर्म' करना पड़ा…! साहब अड़े हुए थे कि उनकी इस मौलिक शोध को छापा जाए। वरना…लेकिन जो व्यक्ति प्रेमचंद के समूचे सर्जक को, किसानों के प्रति उनकी हमदर्दी को, सामाजिक विषमता के विरुद्ध उनके भीतर जल रही आग को, और रचना-मर्म को समझता हो, वह क्या ऐसी ग़लतबयानी को पाठकों तक पहुँचाने में उस माध्यम को भागीदार बना सकता है, जो सनसनीखेज या झूठी अफवाहों का नहीं, लोकसंवेद का माध्यम हो ? जिस कहानी में प्रेमचंद का विचारक और सर्जक चरम बिंदु पर केंद्रित हुआ हो; जो कहानी बिना स्फीति और व्याख्यान के सामाजिक अन्याय और निष्करुणता को धिक्कारती हो; जो कटाक्ष से उन कारणों पर प्रकाश डालती हो जिन्होंने किसान के त्रास को इस हद तक पहुँचा दिया कि उसे शहर की ओर पलायन करने और मजदूरी करने पर बाध्य होना पड़ा–उस कहानी की ऐसी व्याख्या !–हल्कू को निठल्ला कहनेवाला लेखक क्या खुद जाकर उसके खेत में अब तक फसल उगाता रहा ?–ऐसी बेसिर-पैर की बातें छाप कर क्या कोई संपादक दोयम लेखक को, स्वाधीनता के नाम पर, मूल

और महान् लेखक के अभिप्राय और संघर्ष की हत्या करने की छूट दे सकता है ? और यदि वही लेखक 'शतरंज के खिलाड़ी' के बारे में सामंतवाद के 'निठल्लेपन' पर प्रहार करता तो क्या संपादक उसे सर आँखों पर बिठाने में ना-नुकर करता ? दरअसल साहित्यिक पत्रकारिता सिर्फ उसके लेखक और पाठक की संधि-रेखा पर खड़ी नहीं होती, वह उस त्रिभुज के बीच होती है जिसकी एक भुजा मूल रचनाकर या कथ्य होता है। संपादक की जोखिमभरी भूमिका की जाँच इसी संतुलन में होती है। जिस रचनाकार पर कोई लेख लिखा गया हो, वह अक्सर रचना के बाहर अपना बयान नहीं देता, और अगर वह इस दुनिया में ही न हो तब संपादक की सीधी मुलाकात या मुठभेड़ उसके बारे में टिप्पणी करनेवाले से होती है। क्या राजनीतिकर्मी की तरह संपादक भी रचना या रचनाकार की कीमत पर बयानबाज़ों से समझौता करे ? यही प्रश्न जोखिम के केन्द्र में है। एक संपादक को कभी भी सच्चे और श्रेष्ठ लेखक से खतरा नहीं होता क्योंकि उसके भीतर आत्म-विश्लेषण और आत्म-मंथन के जरिए निरंतर विकसित होने की बेचैनी होती है, और दृष्टि में विकृत-सोच और जड़ता नहीं होती। उससे संवाद करना इतना सुखद लगता है, जैसे समझदारी से संवाद किया जा रहा हो।

साहित्य का क्षेत्र मानव हित और संवेदना का क्षेत्र है और हम हैं कि उसे संकुचित स्वार्थ और राजनीति से जकड़े रहते हैं। (साहित्य में राजनीति का वही अर्थ नहीं होता जो सत्ता में राजनीति का होता है। इसीलिए उसे सत्ताओं की राजनीति या देशों की जय-पराजय से जोड़ा भी नहीं जा सकता) शायद इसी बात को ध्यान में रखकर 70 वर्ष की उम्र में, 1980 में शमशेर ने 'उदिता' की भूमिका में लिखा था—'मेरा अपना स्वर सच्चा रहे, बस इतनी ही मेरी चिंता थी; और मुझे किसी से कुछ लेना-देना नहीं था (न है)।' जाहिर है कि यह उन्होंने मानवीय संवेदना के बारे में नहीं कहा था; बल्कि 'उसी' राजनीति के बारे में कहा था जिसका एक सच्चे लेखक से कोई लेना-देना नहीं होता। लेखक का 'आत्मसंघर्ष' दरअसल 'वस्तु' और 'अनुभव' को, तमाम बनावटी आवरण बेधकर, अपने मौलिक सरोकारों में पा लेने का होता है। मगर कुछ लोग हैं जिन्हें सच्चे स्वर में अपना बेसुरा राग घोले बग़ैर नींद ही नहीं आती।

रचना एक गहरी और नाज़ुक चीज़ है। नरेश महेता की एक कविता में 'प्रेमी' पानी से खिलवाड़ करता हुआ 'प्रेमिका' से कहता है—'तुम क्यों हिलातीं ताल-जल/बादल काँप जाता है।' प्रेमिका के खिलवाड़ से पानी में पड़े बादल के बिम्ब का काँपना-बिखरना, रचना के सूक्ष्म-तरल आधार को हिलाने से उसके वस्तु-बिंब का बिखरना है। बड़ी नाज़ुक चीज़ है रचना और उसी तरह रचनाकार भी। जिनके पास यह तमीज़ न हो कि रचना और रचनाकार के पास कैसे जाया

जाता है–उनके लिए सेहत बनाने के और भी मुक़ाम हैं। किसी भी विचार या संवेदन को 'ज्ञान लव दुर्विदग्ध' (भर्तृहरि) और नादान दोस्तों से सबसे ज्यादा खतरा होता है। उन्हें यह समझाना काफी मुश्किल, बल्कि एक हद तक असम्भव; है कि अपनी टोपी यदि आप नासमझी में किसी के भी सर पर पहना देंगे तो न सिर्फ उस व्यक्ति या रचनाकार को, बल्कि अपनी विचारधारा को भी नुकसान पहुँचाएँगे। दरअसल जड़ीभूत मानसिकता, किसी भी स्वाधीनता की कल्पना ही नहीं कर सकती। यह एक प्रकार का मानसिक असंतुलन है, ऐसी हालत में अगर कोई अपना ही बाजू काट कर फेंक दे तो आश्चर्य नहीं होना चाहिए।

हर बड़ी आकांक्षा और उपलब्धि के रास्ते में अंधेरे चाहे जितने घने हों, कुछ विश्वासकेन्द्रों का प्रकाश होता है। साहित्यिक पत्रकारिता के लिए ये केन्द्र समझदार पाठक और संज़ीदा लेखक होते हैं। नतीजे में विराट संकल्पों पर आघात और उनसे जुड़े लोगों के चरित्र-हनन के उस्तादों का वार उल्टा उन पर ही पड़ता है–(जैसे कृष्ण पर श्रुतायुध द्वारा फेंकी गई गदा उल्टे उसे ही आकर लगी थी और उसका सिर टुकड़े-टुकड़े हो गया था।) बड़ी चतुराई से पाठकों तक अफवाहें, झूठ और भ्रम पहुँचाए जाते हैं लेकिन पहुँच कुछ और जाता है ! आखिर पाठक की अपनी समझदारी, अपना विवेक और कथित के पीछे छिपे अकथित को पहचानने की क्षमता भी तो कोई चीज़ होती है ! चुनावों में क्या आपने देखा नहीं कि जिस नेता को सुनने के लिए भीड़ उमड़ी पड़ती थी, उसी ने उस नेता को वोट नहीं दिया। मज़ा लेना कुछ और होता है और निर्णय लेना कुछ और। हमने यह भी देखा है कि जब जनता द्वारा अस्वीकृत लोग हारने लगते हैं तो बूथ लुटवाते हैं और फिर सबसे ज्यादा प्रजातंत्र की दुहाई भी वे ही देते हैं ! वे क्या यह समझते हैं कि जनता उनके मुखौटों को नहीं पहचानती ?

मैथिलीशरण गुप्त ने लिखा था :

'जितने प्रवाह हैं बहें अवश्य बहें वे।
निज मर्यादा में किंतु सदैव रहें वे।।'

हमारी साहित्यिक पत्रकारिता 'अद्वितीय' होने के अभिमान और ईर्ष्या से क्या मुक्त नहीं हो सकती ? क्या 'दूध और पानी में से दूध पीनेवाले जंतु' के लिए अब बटोरने को सिर्फ कीचड़ ही रह गया है, जीवन रक्षा के अंतिम उपाय के रूप में ? यों, हम यह जानते हैं कि कोई परिंदा जब हवा में पर तौलना शुरू करता है, तभी व्याध के तरकश के तीर खड़खड़ाने लगते हैं ! खैर अपघात और कुघात से सामाजिक उत्तरदायित्व के केंद्र और रचनात्मक जीवट डरने लगे तो लोगों का जीवन पर से ही विश्वास उठ जाएगा।

[जून 1996]

32

पराधीनता की वापसी के लिए गुहार

[नव आधुनिकता के पचास वर्ष]

सभ्यता या संस्कृति का कोई मॉडल अपने आप में पूरा नहीं होता। गतिशीलता और खुलापन ही उसे पूरा बनाता है–यानी बदले हुए समयों में अपने गतिहीन और अप्रासंगिक हिस्सों को परिमार्जित या पृथक् करने की निर्ममता और नए उपकरणों या तत्त्वों को शामिल करने की उदारता। क्योंकि प्रकाश और वायु का संचार आकाश के बिना संभव नहीं है।

आधुनिक पश्चिम के पास विश्व-विजय का पूरा मॉडल है। उसकी पूर्णता का रहस्य त्वरा, प्रत्युत्पन्नता और विखंडन में है। तभी वह एक मोर्चे की हार को दूसरे मोर्चे पर विजय में बदल कर अविजेय बना रहता है। जैसे यदि राजनीतिक सत्ता के मार्चे पर हारा तो तुरंत मानसिक, आर्थिक, सामरिक या कोई और सत्ता सक्रिय कर लेता है।

उसके प्रतिस्पर्धी देश सोवियत संघ के पास भी एक पूरा मॉडल था। उसकी आकांक्षा भी विश्व-विजय की थी। उसके आधार अधिक वस्तुगत और विश्वसनीय थे। परंतु उसमें स्थिरता तथा अभेद्यता बनी रही। नतीजे में वह आज टूट-बिखर चुका है और अपने प्रभाव क्षेत्रों को भी छिन्न-भिन्न होते असहाय देख रहा है।

पिछले पचास सालों से भारत इन दो ध्रुवों के बीच पैण्डुलम की तरह झूलता रहा है यदि यही उसकी नियति थी तो कर्मण्यता और बौद्धिकता के आनुपातिक झुकाव की स्थिति दूसरी होनी थी। परंतु उसके संसाधन, ढाँचे और कार्यप्रणाली पर पश्चिम हावी रहा, जबकि बौद्धिक बहसों पर वाम-पंथ। नतीजे में बहसें कुछ और की जाती रहीं और काम कुछ और होता रहा। बहसों के साथ कर्म की संगति नहीं होती तो वे बेकार हो जाती हैं, जबकि कर्म के साथ बहसें न हों या उससे उल्टी हों, तब भी कर्म और कर्म-शैली का प्रभाव मन-मस्तिष्क

पर पड़े बिना नहीं रहता। परिणाम हम देख रहे हैं कि भारत पर पश्चिम का दबाव लगातार बढ़ता जा रहा है। अपनी सारी बौद्धिक विकलता के बावज़ूद वह उन समस्त नियमों, शर्तों और प्रावधानों को मानने को बाध्य हो चुका है, जिनके विरोध में बढ़-चढ़कर बोलता है। 'ग्लोबलाइज़ेशन' को, जिसे समझदार अमेरिकी तक 'वर्ल्डिंग ऑफ अमेरिका' कहते हैं, क्या वे लोग भी स्वीकारने को विवश नहीं हुए हैं जो उसे गरीब देशों के शोषण का अस्त्र कहते हैं ?

चूक हमसे स्वाधीनता के क्षणों में ही हो गई। नव आधुनिकता या आधुनिकीकरण के प्रलोभन में (पिछला हादसा भूलकर) हम पश्चिम की ओर लपके तो हमारा संविधान, नौकरशाही, राजनय और विकास की अवधारणा पश्चिम की इच्छा में ढल गई। हम जान ही न पाए कि एक हाथ से आज़ादी छीन कर हम दूसरा हाथ हथकड़ी के लिए बढ़ा रहे हैं। गरीबी, बीमारी और अशिक्षा दूर करने की आधुनिकीकरण (जो पश्चिमीकरण का छद्‌म नाम था) की घोषणा पर हमने सहज विश्वास कर लिया और अपनी सारी जिम्मेदारी उसे सौंप दी। नतीजा क्या हुआ ? गरीबी वर्गों से निकलकर उस अबूझ अंतराल में तब्दील हो गई जो हिमालय और खाड़ी के बीच हुआ करता है। शिक्षा के क्षेत्र में धड़ाधड़ कान्वेंट और उनकी तर्ज़ पर 'पब्लिक स्कूल' खुलते चले गए। सामान्य स्कूलों की अवधारणा यानी साधारण जनता, जन-भाषा और जन-संस्कृति की अवधारणा मिट्टी में मिल गई। भारतीय भाषाओं को उन्नत करने और उन्हें पास लाने की कोशिश करते हुए हम देश की जनता को पास ला सकते थे तथा राष्ट्रभाषा को राष्ट्रीय एकता का प्रतिरूप बना सकते थे, लेकिन हम एक ओर राष्ट्रभाषा को कमजोर करते हुए भारतीय भाषाओं को भी कमज़ोर करते रहे, उनमें दरारें डालते रहे; और दूसरी ओर गुलामी का चिन्ह अंग्रेजी का पेट भरते रहे और उसके पैरों में बैठ कर 'चैरी ब्लॉज़म' करते रहे। सच्चे मित्र और सही खतरों की पहचान के अभाव में हमारे औद्योगीकरण में ठोस सहायता कोई और देता रहा और अंतिम लाभ या श्रेय मिला साम्राज्यवादियों को। वास्तव में साम्राज्यवादी-पूँजीवादी सभ्यता का यही सार है। वे परभृता–कोयल–होती हैं, जो अपने अंडों को सेने के लिए कौए के घोंसले में रख देती हैं, लेकिन पंख आते ही बच्चे कोयल के हो जाते हैं। जो हो, यह वास्तव में दो प्रतिद्वंद्वियों की टक्कर थी, भारत जैसे देश माध्यम भर थे जो विचित्र छलिया मानसिकता और दोहरेपन में जीते रहे। चीज़ें किसे दी गईं और लपक किसने लीं–यह एक अलग मुद्दा है। मुख्य बात यह है कि हम कहीं थे ही नहीं, यानी हमारा ज़िंदा, धड़कता अस्तित्व।

क्या भारत पराश्रित होने के लिए इतना बाध्य था कि उसे केवल औद्योगिक और वैज्ञानिक साधन ही नहीं, उन्नति और विकास की समग्र अवधारणा, 'इस' या 'उस' से लेना पड़ी ? क्या उसके पास आत्मोन्नयन या विकास का अपना कोई

राष्ट्रीय मॉडल नहीं था या है ? यह बात इसलिए पूछना चाहिए कि देशों के प्रतिरूप या मॉडल आकाश से टपके हुए नहीं होते। वे जनता की जीवन-प्रणाली स्वभाव, आवश्यकता, सोच, ऐतिहासिक अनुभव तथा समस्त ज्ञानात्मक और व्यावहारिक उपलब्धियों की समष्टि होते हैं। और अगर गतिशील बने रहें तो हर वक्त बहते पानी की तरह जीवनदायी और अन्य जल धाराओं के लिए समावेशी भी। यह कहना कोई नई बात तो नहीं कि कोई देश अपने प्रतिरूप द्वारा ही अपनी समस्या और चुनौती का सामना अधिक स्वाभाविकता तथा आत्म-निर्भरता से कर सकता है।

भारत के पास अपना एक संपूर्ण समृद्ध मॉडल रहा है, परंतु अन्य प्रतिरूपों की तरह उसकी कामना विश्व-विजय की नहीं रही—अलबत्ता विश्व-कल्याण उसके मूल में है। यह प्रतिरूप राज्य, समाज, धर्म, दर्शन, अर्थ, ज्ञान-विज्ञान, गणित, वाणिज्य, चिकित्सा, खगोल, भूगोल, ज्योतिष, नीति, न्याय, तर्क, भाषा, व्याकरण, साहित्य, कला, विश्व-दृष्टि, लोक-संस्कृति, जीवन-मूल्य, अपनी वसुंधरा, अपना आकाश, आत्मा और प्राण के समवेत से रचित सर्वांगपूर्ण और कालजयी प्रतिरूप है। और ऐसा भी नहीं कि वह स्थिर या अगतिक हो या इतना भुरभुरा कि छूते ही बिखर जाए। भारतीय प्रज्ञा का विकास हमेशा खंडन, मंडन और मंथन से हुआ है। समुद्र-मंथन का मिथक क्या कहता है—"विराट् को भी मथो, लेकिन सब कुछ का घालमेल न करना; बल्कि अमृत और हलाहल को पहचानना और अलग-अलग करना।"

यह ठीक है कि भारतीय प्रतिरूप का विकास कुछ तात्कालिक कारणों से, दसवीं शती के आसंपास थम-सा गया और उस पर रूढ़िवादी तत्त्वों और वर्गों का कब्जा हो गया। कोई भी सामाजिक, सांस्कृतिक, वैचारिक (या अन्य) मॉडल जब अगतिक या स्थिर हो जाता है तो कट्टरपंथी और कठमुल्ले उस पर कब्जा जमा लेते हैं। अगर इसके विरुद्ध हुई प्रतिक्रिया विवेकसंगत न हो तो लोग कठमुल्लों का विरोध करते-करते उस 'मॉडल' का ही विरोध करने लगते हैं—जो उनका अपना भी है और उसके विखंडन तथा विकास का दायित्व उनका भी है। इस त्रासदी से हम आज भी गुजर रहे हैं।

खैर, उन्नीसवीं शती के उत्तरार्द्ध में पराधीन भारत के स्वाधीन चेता व्यक्तित्वों द्वारा आधुनिक उन्मेष के साथ भारतीय प्रतिरूप की ख़बर भी ली गई। बावज़ूद इसके कि जिस भाषा और जिन देशों में उन्होंने शिक्षा ली थी—वे अपने न थे, परंतु उनके पास जो स्वदेश-बोध, प्रतिरोध का ताप और दृष्टि का चौकन्नापन था—वह अपना था—मौलिक, उर्वर और पारदर्शी। इसलिए आधुनिकता से उनके संबंध द्वन्द्वात्मक बने। उन्होंने उसके वैज्ञानिक यथार्थवाद, तार्किक बुद्धिवाद और औद्योगिक उपकरणों को तो स्वीकार कर लिया, लेकिन इनके बहाने लाए जा

रहे राजनीतिक, आर्थिक, सामाजिक और सांस्कृतिक मॉडल का बहिष्कार कर दिया। इस तरह भारतीय प्रतिरूप को एक संयत और वांछित ग्रहण से गतिशीलता दी। इसी संदर्भ में उन विखंडनों का स्मरण भी करना चाहिए जो उन्होंने अपने प्रतिरूप में घुस आई रूढ़ियों, विसंगतियों और परलोकी प्रवृत्ति का किया। गाँधी युग ने इस नवोन्मेष का लाभ उठाया और भारतीय प्रतिरूप को स्वाधीनता संघर्ष से जोड़ते हुए, व्यापक सर्जनात्मकता, देशोन्मुखता और समीकरणमूलकता से नई गति दी। हालाँकि कुछ लोगों ने इसमें अंतर्विरोध तलाशने में ही अपनी जिंदगी ख्वार कर दी। वे साझा संवेदनों का तत्कालीन संवाद न सुन सके, क्योंकि उनके कानों में लगी आयातित मशीनें ख़राब थीं। गाँधी युग में ही नहीं, स्वयं गाँधी में भी इतनी गत्यात्मकता थी कि यह सोचना गलत न होगा कि स्वाधीनता के बाद वे कुछ समय और जीवित रहते तो स्वयं अपने प्रतिरूप में परिवर्तन करते और देश को विश्व के समवाय में नई अर्थवत्ता और प्रासंगिकता देते। लेकिन दुर्भाग्य से गाँधी के साथ ही उनका युग समाप्त हो गया क्योंकि उनके उत्तराधिकारियों में न वैसी समझ थी, न संकल्प, न साहस। दूसरी ओर, उनके लक्ष्यों के निकट जो (आयातित) साम्यवादी विचारधारा थी, उसने भी गाँधीवाद से मिलकर कोई संभावित दिशा तलाशने की बजाय उसके विरोध में ही अपनी शक्ति नष्ट की। यदि यह आयातित विश्व-दृष्टि, भारतीय विश्व-दृष्टि और प्रतिरूप से अनुकूलित हो सकती तो बड़ा क़ाम होता, लोहिया ने यह काम करने की कोशिश की थी, लेकिन वे दोनों ओर से विधर्मी मान लिए गए। यदि यह त्रासदी घटित न होती तो शायद ये दिन न देखना पड़ते कि भारत तो ऑपरेशन टेबुल पर घायल पड़ा है, परिजन थियेटर के बाहर बेचैन हैं, और भीतर वे ही लोग शल्य-कर्म में जुटे हैं जिन्होंने उसे घायल किया है !

यह अत्यंत दु:सह समय है। देश; जातिवाद, वर्गवाद, क्षेत्रवाद, भाषावाद, सम्प्रदायवाद, उग्रवाद जैसी तमाम नकारात्मक प्रवृत्तियों से आहत पड़ा है। राजनीति, समाज, अर्थ और विचार के क्षेत्र में घोर अराजकता, भ्रष्टाचार और आत्मघाती प्रवृत्तियाँ पनप रही हैं, जीवन का जैसे कोई लक्ष्य नहीं; समाज या देश की कोई चिंता नहीं, ज्ञान-अन्वेषण की कोई आत्मप्रेरणा नहीं, उन्नयन और विकास का कोई स्वस्थ प्रारूप नहीं; बहु संख्यक समाज अपार उत्पीड़न, अभाव और न्याय की हर संभावना से दूर छटपटा रहा है। गाँव में, शहर में, रेल में, बाजार में, यहाँ तक कि जंगल में–कहीं भी मनुष्य को मारा जा सकता है। अकेला हो या समूह में ! यह कैसी आजादी ? किसकी आजादी ? लगता है हम कोई बड़ी चीज़ खो चुके हैं जो सबका नियमन करती थी, दिशा देती थी। हम भूल चुके हैं कि 'सब सत्यों से ऊपर मनुष्य होता है।' या 'जो केवल अपने लिए संग्रह करता है वह पापी है' (केवलाघो भवति केवलादी।) या हम संस्कृति का वह

प्रतिरूप खो चुके हैं जिसने हमें एक-दूसरे के लिए जीना और मरना सिखाया था। क्या हम उसके शिकंजे से निकलना नहीं चाहते जो हमें 'त्याग से भोगो' नहीं; 'भोग के लिए सब कुछ त्यागो' सिखा रहा है ? अगर हम वर्तमान अराजकता, लूट, बेईमानी, हत्या, झगड़े, कपट के पीछे छिपी आहट को पहचान सकें तो वह कालिया नाग दिखेगा जिसे 'उपभोक्तावाद' कहते हैं। जिससे छुटकारा पाने के लिए सारी दुनिया के समझदार लोग भारतीय चिंतन, मूल्य और दर्शन से आशा लगाए बैठे हैं, जबकि हम स्वयं एक पागल प्रवाह में पड़कर सर्वनाश की ओर बढ़ रहे हैं। चूहा तक 'परीक्षण और भूल' (ट्रायल एण्ड ऐरर) पद्धति से खतरे का रास्ता पहचान लेता है।

वर्तमान में भारतीय प्रतिरूप, उपेक्षा के कारण स्थगित हो गया है। लगता है वही सब घटित होने को है जो ऐसे समय होता है। लेकिन आज फिर से यह स्पष्ट समझ लेना होगा कि भारतीय प्रतिरूप कोई धार्मिक कर्मकांडी अथवा वर्गीय उपक्रम नहीं है–यह इस देश की अत्यंत दूरदर्शी मेधा और लोकान्वेषी चेतना का साझा अवदान है। इसलिए तमाम पूर्वग्रहों को छोड़कर देश के नई चेतना से सम्पन्न ऊँचे दर्जे के वैज्ञानिकों, दार्शनिकों, राजनीतिज्ञों, अर्थशास्त्रियों, चिकित्सकों–यानी हर क्षेत्र की बड़ी प्रतिभाओं को भारतीय प्रतिरूप की पुनर्रचना में लगना होगा। तभी यह उन हाथों से मुक्त होगा जो इसके कतई हकदार नहीं हैं। यदि आज उत्तर-आधुनिकता के प्रवक्ता नागार्जुन के शून्यवाद से प्रेरणा लेकर अपने मत को नवीन संदर्भ दे सकते हैं, यदि चाम्स्की पाणिनी से निर्देश लेकर डेढ़ दो साल में हिब्रू जैसी भाषा को सर्व समर्थ आधुनिक भाषा बना सकते हैं, यदि भारत के साधारण जन नीम के जिन गुणों से परिचित हैं, उनकी पुष्टि करते हुए अमेरिका उसे वैज्ञानिक प्रणाली से एंटी बायोटिक बनाने के लिए पेटेंट कराता है; तो क्यों भारत अपने ज्ञान, अनुभव, प्रकृति और मानव-संपदा का नव संघटन कर अपने विकास की सही दिशा नहीं पा सकता और अपने तमाम मर्जों के साथ दुनिया की बीमारी का भी इलाज नहीं कर सकता ?

[दिसंबर 1997]

33

कस्मै देवाय हविषा विधेम !

बीते साल का लेखा जोखा

भारतीय इतिहास में 1997 अजब ढंग से याद किया जाएगा। एक ओर तो यह अत्यंत स्थूल घटनाबहुल वर्ष रहा है और दूसरी तरफ इतना अमूर्त, अबूझ कि किसी चीज़ का सिरा ही पकड़ में नहीं आता। वर्ष के प्रारंभ में पर्दे उठते चले गए और रंगमंच पर नए-नए कांड, घोटाले दिखाई पड़े, लेकिन परिणाम तो कुछ निकला नहीं ! यह विचित्र है कि भ्रष्टाचार हुए हैं, करोड़ों के सूटकेस भरे मिले हैं। हवाले-घोटाले भी हुए हैं, पर किसी ने किए नहीं, तो हुए कैसे ? क्या वे आत्म संभव हैं ? क्या ब्रह्म हैं कि –'बिनु पग चलै सुनै बिनु काना'–चलते हैं, परंतु बिना पैर के, सुनते हैं लेकिन कान का पता नहीं ! ऐसी रहस्यमय स्थिति का मूल्यांकन 'ब्रह्मानंद सहोदर रस' के सहारे ही हो सकता है।

इस दृष्टि से यह वर्ष विभिन्न और विपरीत रसों की अपूर्व मैत्री का रहा। सरकारें या तो झोल खाती रहीं, या लटकी रहीं या धड़ाम से गिर पड़ीं, अतः स्वाधीनता के स्वर्ण जयंती-वर्ष में भारतीय राजनीति में तो 'करुण' रस का परिपाक हुआ, परंतु इससे जनता में 'हास्य रस' की उद्‌भावना हुई ! जिसमें घाव, खून, गाली-गलौच आदि द्वारा 'वीभत्स रस' की मिलावट हुई, परन्तु केन्द्र के मिलावटी चरित्र के बावजूद वहाँ 'रौद्र रस' शुद्ध बना रहा क्योंकि आसन्दी पर बैठे 'शांत' रस ने, जो 'रौद्र' का विरोधी है– उसके मिलन पर प्रतिबंध लगा दिया। इससे जनता को 'अद्‌भुत' रस की हानि हुई। सरकारों के नीचे पटरे बिछाए गए, फिर खिसका लिए गए, फिर बिछाए गए, फिर···। इस खेल में 'हास्य' या 'उपहास' रस का पूर्ण पल्लवन हुआ, क्योंकि यहाँ रस के सारे अंग मौजूद थे। संचार माध्यमों ने इसमें उद्दीपन का काम किया। 90 करोड़ के देश में यह सब जनता के नाम पर हुआ, जबकि जनता का इन रस-निर्माताओं की दृष्टि में न कोई अस्तित्व था, न अवधारणा। यह एक रहस्यवादी अवस्था है जिसकी

किसी रस में परिगणना नहीं हो सकती दलों और व्यक्तियों को लेस्बियन किस्म का श्रृंगार-व्यापार चलाने में किसी तरह की लज्जा का अनुभव नहीं हुआ। 'विचित्र श्रृंगार' या 'श्रृंगाराभास' में जिए शिद्दत से रूठने-मनाने के 'प्रोग्राम' चलते रहे वैसे रीतिकाल में भी नहीं देखे गए। काल्पनिक रक़ीब से जो युद्ध लड़ा गया, वह खुद उनके अपने भीतर ही मौजूद था। और तो और बुद्ध की पुण्यभूति में श्रृंगार-रस की उद्‌भावना 'दाम्पत्यभाव' में हुई। यह अपूर्व 'धर्म-चक्र प्रवर्तन' था। कुल मिलाकर यह वर्ष संकर रसों की उद्‌भावना का वर्ष रहा, और विभिन्न रसों में गुत्थमगुत्था के बाव.जूद तालमेल जारी रहा। भले ही 'वीभत्स' रस में श्रृंगार' रस घुस गया हो या 'श्रृंगार में 'रौद्र', 'रौद्र' में 'करुण' में 'हास्य' परन्तु उनका यह अस्तित्व कायम रहा। इससे शास्त्रीय रस-निरूपण में बाधा उपस्थित हुई। इससे क्षुब्ध 'राजरस' नाम दिया गया; और इसमें सत्य, रज और तम तीनों गुणों का अंतर्भाव सुनिश्चित किया गया। परिणाम स्वरूप स्वरूप इस द्वन्द्व से मुक्ति पुण्यात्मा; कौन अर्जुन और कौन नकली; कौन सच्चा, कौन झूठा; कौन पापी, कौन पुण्यात्मा; कौन अर्जुन और कौन शिखण्डी ? 'सत्तानंद सहोदर राजरस' के चर्वण के लिए ऐसे भेदों-प्रभेदों से ऊपर उठना अनिवार्य माना गया। इस निरूपण के विरोधी कुछ दकियानूस पंडित शोर मचाते रहे कि स्थाई भाव, व्यभिचारी भाव बन गए हैं और कोई रस या भाव शुद्ध नहीं रहा है, ऐसे में किसी मौलिक रस की उद्‌भावना अनुचित ठहरती है। पर वे खदेड़ दिए गए। शांत रस में स्थाई रूप में लीन जनता ने इसका भी आनंद उठाया।

देश भी खूब है यह ! कई-कई सरकारें जाने कितने समय तक हड़ताल पर रहीं, या अमूर्त बनी रहीं, तब भी देश चलता रहा। ऐसे में यदि किसी एकाध राज्य के सारे कर्मचारी दो माह तक हड़ताल पर रहे आए तो राज्य को क्या फर्क पड़ता ! सो देश फिर भी चलता रहा !

लूट-पाट, चोरी डकैती, बम कांड, दुर्घटनाएँ, आगजनी, सामूहिक हत्याएँ, समानांतर सरकारें, रिश्वत-भ्रष्टाचार–हर दिन अखबारों की सुर्खी बने और हर दिन दूसरी सुर्खियों के लिए जगह छोड़ते गए ताकि जन-मन का खाली आसन नए हादसों का स्वागत कर सके–'आओ पधारो नए हादसो, काण्डो, चोरो, डाकुओ, लुटेरो !' सोच और रोष की निष्फलता को पहचान चुकी जनता का यह सामूहिक मोह-भंग और मन का खाली आसन लोक-तंत्र से आस्था उठने का धूमकेतु संकेत है। खिलवाड़ करने वालों को यह बात अब तक समझ में नहीं आई कि जब प्रलय आता है तो कोई नहीं बचता, वह भी नहीं जो उसे बुलाता है या समय के साथ मसखरी करता है।

और इस प्रचार-तंत्र को देखिए ! इसके लिए वही सब सुर्खियों में है जो घटिया है, क्योंकि वही बाजार में बिकता है। और अगर कहीं कुछ अच्छा घटित

होता भी है तो वह उसके लिए कोई खबर नहीं है। क्या नाम दे देने भर से कोई माध्यम 'जनसंचार-माध्यम' हो जाता है–जनता के मर्म को छुए बिना, उसके हित को पहचाने और उजाले बिना ?

प्रश्न यह है कि इस साल क्या ऐसा कुछ घटित नहीं हुआ जिस पर हम गर्व कर सकें ? दो-तीन उदाहरण काफी होंगे।

इसी साल देश के वैज्ञानिकों ने एक करिश्मा कर दिखाया। राजस्थान में परमाणु भट्ठी (एटमी रिएक्टर), जो शीतलक नलिकाओं की खराबी के कारण चार वर्षों से ठप्प पड़ी थी, उसे भारतीय वैज्ञानिकों ने स्वदेशी तकनीक से, अपने बूते पर, कम विकिरण, कम समय और कम खर्च में ठीक कर लिया। उन्होंने अठारह सौ करोड़ का काम अस्सी करोड़ में पूरा कर दिखाया। नाभिकीय ईंधन का एक नया और सशक्त संयोजन बना कर भी उन्होंने कनाडा जैसे अत्याधुनिक तकनीकी देश पर वरीयता स्थापित की। यह तकनीकी कौशल, प्रतिभा और परिश्रम की ही विजय नहीं थी, देश की राजनैतिक और नैतिक विजय भी थी। क्योंकि पश्चिमी देशों ने भारत पर सीटीबीटी (परमाणु निरस्त्रीकरण संधि) पर हस्ताक्षर करने का दबाव बनाने के लिए इस परमाणु भट्ठी को सुधारने से इन्कार कर दिया था। ऐसी स्थिति में या तो सीटीबीटी पर हस्ताक्षर किए जाते या इतने विराट सयंत्र से प्राप्त होनेवाली बिजली और ऊर्जा के दुर्लभ स्रोतो से वंचित रहा जाता। भारतीय वैज्ञानिकों ने एक साथ देश को संसाधनगत अभाव, वैज्ञानिक पराश्रय, राजनीतिक दबाव, सामरिक अक्षमता और नैतिक शर्म से उबार लिया। इतनी बड़ी सफलता को विस्तार से जानने के लिए उस सुबह मैंने चार अखबार देखे, दो हिन्दी, एक बांग्ला, एक अंग्रेजी। इनमें से केवल एक बेचारे हिन्दी अखबार ने यह समाचार मुखपृष्ठ पर छापा था। अन्य अखबारों ने इसके बारे में एक पंक्ति भी नहीं दी। इसके बदले उन्होंने कौन-सी 'खोजी खबरें' दी होंगी यह सभी जानते हैं।

एक महत्त्व की घटना डाल्टनगंज के छोटे से गाँव दारुडीह के हरिजन टोला की है। यहाँ एक बच्चे की मृत्यु पर एक स्त्री को डायन करार देते हुए उसके घर को परिवार सहित फूंक देने के लिए शस्त्रास्त्रों से लैस उद्दंड और उन्मादी भीड़ में घुसकर ग्राम विकास केन्द्र के सचिव विनोद कुमार ने सबको समझा-बुझाकर इस घटना को टाला। आश्चर्यजनक रूप से यहाँ की पुलिस और थाना प्रभारी की भूमिका भी बहुत अच्छी रही। यह उस देश में हुआ जहाँ एक जनप्रिय कवि को हजारों की भीड़ के बीच अंग-अंग काट कर फेंक देने पर भी न जनता आगे आई न पुलिस, उल्टे कुछ लोग नगर छोड़ कर भाग खड़े हुए और अपराधी की शिनाख्त तक नहीं हुई। भय और तटस्थता के ऐसे परिवेश में विनोद कुमार का यह जोखिम भरा काम और थाना प्रभारी की भूमिका कितनी

सांकेतिक और प्रशंसनीय है। साथ ही गाँव-गाँव में फैले अंधविश्वास और उनके चलते किए जानेवाले किस्म-किस्म के व्यक्तिगत और सामूहिक अपराधों के खिलाफ यह सक्रिय और समझदार विरोध की एक साहसपूर्ण मिसाल भी है। हमारे समाज में भय, असुरक्षा, अंधविश्वास और सामूहिक क्रूरता की कैसी बाढ़ आ गई है इसकी परिणति हमने लक्ष्मणपुर बाथे गाँव के सामूहिक नरसंहार में इसी साल देखी है। और देखे हैं राजनैतिक निर्लज्जता और गिद्ध-वृत्ति के नमूने। इन्हें धिक्कारने के साथ ही ऐसे तमाम छोटे-बड़े प्रयासों को उजालना भी जरूरी है जहाँ से हमें रोशनी की एक भी किरण मिलती है। खेद है कि दारुडीत की यह खबर भी स्थानीय अखबारों में छप कर रह गई। दूरदर्शन के कई कौड़ी चैनलों, सैकड़ों अखबारों आदि के लिए यह राष्ट्रीय समाचार और विचार न बन सकी। यह ऐसी सामाजिक मुर्दनी है जिसके चलते हमारी प्रजातांत्रिक संस्थाओं में अपराधियों को चुन कर आने की सुविधा मिल गई है और खूँखार अपराध-कर्मियों के लिए न्यायासन से अपराध-मुक्ति के प्रमाण-पत्र पाना आसान हो गया है।

भला बताइए कि नारी मुक्ति-आंदोलन के इस युग में एक भारत-पुत्री कल्पना चावला अंतरिक्ष में उड़ती है (और उसका यान जिस खतरे में पड़ गया था, वह सबको पता है।) यह नारी-इतिहास की सबसे बड़ी और सर्वाधिक प्रतीकात्मक घटना है। सौ पर्दों में आज भी कैद स्त्री जाति की एक प्रतिनिधि इतने विशाल अंतरिक्ष में उड़ान भरती है ! नारी-मुक्ति का यह दिगंत व्यापी उद्‌घोष है; 'अबला' और 'भीरु' जैसी संज्ञाओं का यह सटीक और श्रेष्ठतम प्रत्युत्तर है। कल्पना को अखबारों और संचार माध्यमों में थोड़ी जगह मिली तो शायद इसलिए कि वह कोलंबिया से उड़ी और अमेरिकी नागरिक है। लेकिन फिर भी नारी उपभोग की प्रतीक 'विश्व सुन्दरी प्रतियोगिता' में विजयी डायना हैडन की तुलना में उसे कितनी जगह मिली !

कई बार जिन्हें प्रचार न मिलने से छोटी बात समझ कर उपेक्षित कर दिया जाता है, उनसे लोग सही किस्म के काम और दृष्टिकोणों से वंचित हो जाते हैं। राष्ट्र का दुख-सुख, गर्व और उपलब्धि की यदि सही प्रतिष्ठा नहीं होगी तो इसका लांछन बौद्धिक जगत् पर ही लगेगा। अतः उसके लिए ये मुद्दे टालने के नहीं हैं, उन लोगों के लिए भले ही हों जो मुद्दों की राजनीति करते हैं। हालाँकि उन्हें खुद पता नहीं होता कि उनके मुद्दे क्या हैं ? परन्तु लेक-हित साहित्य और विचार का एक सूत्रीय मुद्दा है। उसका काम न सिर्फ चौकन्ना रहने का है बल्कि जनता को जागरूक बनाए रखने का भी है।

●●●

[जनवरी 1998]